LA SARKOZYE GOUVERNANTE

© L'Harmattan, 2010
5-7, rue de l'École-polytechnique ; 75005 Paris

http://www.librairieharmattan.com
diffusion.harmattan@wanadoo.fr
harmattan1@wanadoo.fr

ISBN : 978-2-296-11278-0
EAN : 9782296112780

Charles DEBBASCH

LA SARKOZYE GOUVERNANTE

Un nouveau présidentialisme

INTRODUCTION

La victoire franche et massive de Nicolas Sarkozy à la présidence de la République laisse espérer une situation de sérénité et de stabilité politique. La défaite de la gauche et de Ségolène Royal est plus qu'un échec électoral. Elle est le résultat de l'obsolescence de l'idéologie qui portait le parti socialiste face à l'éblouissant succès des sociétés libérales. L'économie de marché apparaît comme le modèle incontournable. Presque plus personne ne conteste qu'il faille laisser le marché opérer et les Français s'enrichir pour servir de moteur à l'expansion et au développement. Dès l'accession au pouvoir de Nicolas Sarkozy, un train de mesures fiscales vient soulager l'imposition des classes les plus aisées.

Dans le même temps, le nouveau président engage la réforme sur tous les terrains. Omniprésent, il bouscule les habitudes et les conservatismes avec une force de conviction incontestable. Mais la France qui avait vu jusqu'alors son président avec les yeux de Chimène a du mal à s'habituer à ce nouveau style présidentiel fort éloigné de la majesté gaullienne. Si elle avait accepté, sans hésitation, la modernité du couple présidentiel, elle s'irrite lorsque la fonction présidentielle se noie dans le vulgaire ou le superficiel.

Commence alors une traversée du désert. La cote de Nicolas Sarkozy devient négative tandis que celle du Premier ministre – dont le pré carré avait été quelque peu envahi par le président – s'envole.

Il faut sans délai remettre de l'ordre avec urgence dans la maison présidentielle. Sur le plan de la vie privée, la chose est aisée grâce au raffinement discret de la nouvelle épouse du président. Dans le domaine institutionnel, la réorganisation de l'équipe de l'Elysée laisse désormais moins de place à l'improvisation. Quant au style présidentiel, il devient plus classique et plus réservé.

Cela n'empêche pas le président Sarkozy de se comporter en bulldozer réformateur. Aucun domaine n'échappe à sa volonté de modernisation. Le succès est vite au rendez-vous, même dans les domaines -comme la réforme constitutionnelle- où chacun avait prédit l'échec.

Après le temps des épreuves, arrive celui de la consécration. Avec la présidence de l'Union européenne, Nicolas Sarkozy parachève sa stature présidentielle. Lui qui avait permis au Traité de Lisbonne de voir le jour remporte un important succès avec la tenue à Paris du sommet de l'Union pour la Méditerranée.

Mais les tensions restent vives sur le plan économique. Le pouvoir d'achat est écorné par la crise mondiale et la contagion du désastre financier n'épargne pas la France. Il faut alors intervenir pour soulager les classes les plus pauvres. Avec l'effondrement des banques et des marchés, l'idéologie libérale qui semblait être le socle idéologique du quinquennat montre ses limites.

Il faut désormais tenir le cap des réformes dans une mer démontée.

INSTITUTIONS : LE RAVALEMENT BALLADUR

31 octobre 2007

En matière de textes, il n'existe que deux méthodes.

L'anglaise : on écrit le moins possible et on laisse le temps, les mœurs et le précédent forger des règles acceptées par tous et pratiquées réellement.

La française : on écrit tout jusque dans les détails les plus triviaux ; on réécrit et on change à chaque coup de mistral ; on viole ou on n'applique pas les bibles textuelles : c'est la théorie du droit asséné, du droit proclamé.

Notre histoire constitutionnelle est là pour le prouver : jusqu'en 1958, les Français adoraient changer de breuvage constitutionnel comme ils aiment changer de cru. On avait pensé que le mouvement s'était arrêté mais, déjà, d'autres rêvaient de VIème République. Alors, pour leur donner du grain à moudre en attendant le grand soir de la chute de la Cinquième, le mouvement de réforme constitutionnelle s'est progressivement accéléré. Les propositions du Comité Balladur marquent une accentuation du mouvement puisqu'une grande partie des articles de la Constitution seraient amendés si les réformes préconisées étaient adoptées.

ACCENTUER LA PRESIDENTIALISATION DU REGIME

Sur ce point, la cause est entendue. Il faut accepter de tenir compte de la pratique. La formule selon laquelle le gouvernement détermine et conduit la politique de la Nation est obsolète. Le comité suggère que la primauté présidentielle soit affirmée. L'avantage est évident : il est toujours néfaste de maintenir un texte inapplicable. Mais on peut dire, en sens inverse, que le texte actuel avait l'avantage de la souplesse et pouvait s'adapter à une situation de cohabitation. Car, dans cette hypothèse, on voit mal comment la primauté présidentielle proposée pourrait s'exprimer dans la réalité. Il est vrai que le Comité Balladur cherche à éviter toute situation de cohabitation en proposant d'organiser le premier tour des élections législatives, le jour du second tour de l'élection présidentielle.

Dans cette logique présidentialiste, le Comité recommande que le chef de l'Etat puisse désormais s'exprimer devant la représentation nationale ou les commissions d'enquête parlementaires.

Ces avancées du pouvoir présidentiel sont cependant encadrées par des contrepoids. Le pouvoir de nomination du président devra dorénavant être exercé sous le contrôle parlementaire. Quant à l'application des pouvoirs d'urgence de l'article 16, elle devra, au bout d'un certain temps, être contrôlée par le juge constitutionnel.

RENFORCER LE ROLE DU PARLEMENT

A l'évidence, c'est principalement le rôle des Assemblées qu'il convient de renforcer. Il s'agit de laisser une plus grande initiative aux membres de l'Assemblée dans la procédure législative : accroissement de leur pouvoir dans l'inscription à l'ordre du jour, dans le contrôle du gouvernement et l'évaluation des politiques publiques, dans les procédures de vote.

Au-delà de leur apparence technique, toutes ces propositions peuvent effectivement redonner aux parlementaires un vrai pouvoir face au gouvernement et à l'administration. On se trouve donc dans un système équilibré : la présidentialisation du régime entraîne en contrepartie une vraie résurgence du parlementarisme.

REDONNER LE POUVOIR AU PEUPLE

Notre système politique s'est replié sur lui-même en oubliant souvent d'où il tire sa source. C'est pourquoi le

Comité Balladur cherche à donner de nouveaux pouvoirs aux citoyens. Le référendum d'initiative populaire est instauré. L'indépendance de la magistrature est mieux assurée et le Chef de l'Etat ne présidera plus le Conseil Supérieur de la Magistrature. L'exception d'inconstitutionnalité sera ouverte aux justiciables devant le Conseil constitutionnel. Un défenseur des droits fondamentaux viendra renforcer le contrôle des administrations.

Toutes ces propositions, si elles sont effectivement mises en oeuvre, représentent un excellent dépoussiérage des institutions de la Vème République.

Il reste, à présent, à trouver une majorité pour les voter.

UN DIVORCE FRANÇAIS

30 octobre 2007

L'opposition s'interrogeait sur la constitutionalité du rôle de l'épouse du Chef de l'Etat. Nicolas Sarkozy n'hésitait pas à associer Cécilia à sa vie officielle et à lui rendre publiquement hommage. Et voici, patatras, que le couple présidentiel divorce.

On se gardera bien d'entrer dans les dédales de la psychologie de ce couple. Chacun sait que l'union de deux êtres repose sur une alchimie complexe où se mêlent sentiments, sexualité, estime, intérêt. Mais la vie privée des hommes politiques est plus difficile que celle de tout un chacun.

La politique est dévoreuse de temps et les grandes carrières publiques se traduisent souvent par des échecs privés. L'*Homo politicus* vedette de la société médiatique grisé par son succès voit se presser à sa porte les suffragettes hypnotisées par les mirages du pouvoir. Le tourbillon du quotidien l'emporte souvent sur la pérennité.

Jusqu'ici les épouses des présidents ont accepté avec résignation leur situation. Mais, la femme française moderne est plus exigeante et n'accepte pas de sacrifier sa vie privée sur l'autel de la République. Les Françaises sont plus enclines à demander le divorce que leurs conjoints.

Le divorce s'est banalisé. Il s'est en quelque sorte popularisé. Dès lors, le divorce d'un président n'étonne plus.

On versera tout de même une larme sur le drame personnel de ce Président qui ne manquait pas une occasion de féliciter Cecilia en public comme pour mieux la retenir. Il doit être difficile pour lui d'intérioriser ses sentiments.

On peut avoir le soutien de tout un peuple et ne pas arriver à conquérir l'être cher.

LE FINANCEMENT DES SYNDICATS

2 novembre 2007

Pour justifier les importantes sorties d'argent liquide des caisses de son organisation, l'Union des Industries métallurgiques et minières, M.Denis Gautier-Sauvagnac a expliqué que ces fonds étaient destinés à « fluidifier les relations sociales ». En d'autres termes, il aurait été versé aux syndicats. L'enquête établira si cette situation correspond à la réalité. Mais il est vrai qu'un grand flou règne sur le budget réel de ceux-ci.

Les syndicats sont les seules personnes morales non tenues d'avoir une comptabilité. Les pouvoirs publics versent entre 500 et 900 millions d'euros de subventions au titre de missions d'intérêt général : formation, contributions au temps passé pour les négociations collectives, participation aux gestions paritaires L'Etat met à disposition des syndicats deux fonctionnaires sur 1000 soit "environ 14 000 personnes pour 7 millions de fonctionnaires».

Comme le rappelle dans son rapport le Conseiller d'Etat Hadas-Lebel, "Certaines des ressources dont bénéficient les organisations syndicales (notamment les décharges d'activité et mises à disposition de personnel tant dans le secteur public que privé) relèvent de procédures dont la légalité est douteuse. " "Ce domaine est caractérisé par une grande opacité : aucun document public ou administratif porté à notre connaissance ne présente de synthèse des ressources financières des syndicats en France, ni même des mécanismes de financement. Une telle situation tranche avec celle constatée à l'étranger, l'IGAS ayant pu établir en 2004 un bilan exhaustif du financement des syndicats dans cinq pays européens".

Cette situation est le reflet de la grande faiblesse des syndicats français. En dehors de la fonction publique très syndicalisée, les organisations syndicales du secteur privé sont peu représentatives. Elles ne regroupent que 5 à 7 % des salariés. Dès lors, la part des cotisations dans le budget des confédérations est très faible. Il va de 34 % pour la CGT à 57 % pour FO.

Tout le reste se situe dans le flou à la limite extrême de la légalité.

C'est sans aucun doute la trop grande politisation du syndicalisme français qui explique cette désaffection des salariés. S'ils veulent retrouver l'adhésion, les syndicats doivent se regrouper et se concentrer sur la défense des intérêts professionnels.

Les années 90 ont été marquées par la normalisation du financement des partis politiques. Il faut, à présent, réinsérer dans la légalité le financement des syndicats.

QUELLE ACTION HUMANITAIRE ?

2 novembre 2007

Une association à caractère humanitaire – l'Arche de Zoé était en voie d'«exporter» une centaine d'enfants – supposés être des orphelins du Darfour- du Tchad vers la France.

Son action a été stoppée par les autorités tchadiennes qui y ont vu, à juste titre, une opération illégale et qui se demandaient s'il ne s'agissait pas là d'une tentative d'adoption sournoise.

L'humanitaire est à la mode. Pour soulager les misères du monde, des bénévoles se mobilisent et mettent leur savoir-faire au service des déshérités. On ne dira jamais assez combien ces femmes et ces hommes dévoués ont contribué à apaiser des souffrances humaines et une bavure ne doit pas condamner le principe de l'aide humanitaire.

Mais, il est vrai qu'il arrive que l'ivraie soit supérieure au bon grain. Des escrocs se servent sur la bête et profitent de l'aide humanitaire. Des désaxés qui n'arrivent pas à se gouverner eux-mêmes cherchent à noyer leurs problèmes dans la débauche des ONG.

Il est encore trop tôt pour déterminer de quelle dérive participe l'opération de l'Arche de Zoé mais, à ce stade, deux observations s'imposent.

La première est qu'il existe quantité de couples en mal d'enfants en France. Les règles de l'adoption sont strictes, lourdes et bureaucratiques. Souvent ces couples se lancent dans la recherche effrénée d'enfants à l'étranger.

La seconde observation fondamentale est que les enfants du Tiers Monde ne sont pas une marchandise dans laquelle on peut puiser en profitant de la misère de leurs géniteurs.

Le meilleur service que l'on puisse rendre à tous ces enfants, c'est de les aider à bien vivre sur place. Il ne faut pas les déraciner et les couper de leur culture.

L'humanitaire, c'est faire du bien aux autres et non pas se gratifier soi-même.

LA NECESSAIRE REFORME DES UNIVERSITES

15 novembre 2007

Il y avait longtemps que les Universités françaises n'avaient pas connu un si important mouvement d'agitation. Et pourtant les grèves qui secouent plusieurs Universités françaises n'ont plus la vigueur du temps jadis. C'est que chacun reconnaît que dans le fond l'Université a besoin d'une réforme profonde et que la récente loi Pécresse sur l'autonomie des Universités va dans le bon sens.

Le constat est, en effet, sans appel. Les Universités françaises ne tiennent pas la route face aux grandes Universités étrangères. Même si elles disposent d'enseignants et de chercheurs de qualité, elles ne rejoignent pas les normes de l'excellence.

Les raisons de cette situation sont bien connues.

Les Universités n'ont pas la maîtrise du recrutement de leurs étudiants. L'entrée libre les noie sous un flot d'étudiants non motivés qui prétendent avoir le libre choix de leurs formations et le droit à l'emploi à la sortie.

Elles délivrent toutes le même diplôme national qu'elles aient pour objectif l'excellence ou qu'elles se noient dans la médiocrité.

Elles n'ont pas le libre choix de leurs enseignants. Gérés par des procédures nationales ceux-ci échappent souvent à la récompense de leurs talents ou à la sanction de leurs insuffisances.

Elles disposent de structures lourdes et bureaucratiques et de compétences limitées pour la gestion de leurs ressources.

La loi Pécresse s'est bien gardée d'effectuer une réforme globale de l'Université. Elle s'est simplement évertuée à donner aux Universités une large marge d'autonomie en espérant que le système évoluera ainsi progressivement à partir de la base.

Cette réforme ne peut qu'être approuvée. Elle est le premier acte d' une nécessaire réforme universitaire qui va dans le bon sens et à laquelle tous ceux qui sont attachés à la défense et à la promotion de l'Université française ne peuvent que souscrire.

STANDING SARKOVATION

16 novembre 2007

Le discours prononcé par Nicolas Sarkozy le 7 novembre 2007 devant le Congrès des Etats-Unis restera dans l'histoire comme un monument érigé à l'amitié entre les Etats-Unis et la France. Rédigé avec talent, exprimé avec émotion, partagé avec chaleur, il a touché représentants et sénateurs qui se sont levés à plusieurs reprises pour manifester leur chaleureuse approbation. Ces « standing sarkovations » appuyées et répétées manifestaient la joie des élus de retrouver une France qui leur avait tant manqué.

Le discours agressif et sans concession de Villepin avait introduit une fracture entre les deux peuples. Ce qui avait choqué, ce n'était pas tant la condamnation justifiée de l'intervention de Bush en Irak que la forme inutilement véhémente des propos du Premier ministre français.

Nicolas Sarkozy a su trouver le ton juste pour célébrer l'amitié franco-américaine tout en affirmant la continuité de la position française.

L'arbre irakien ne doit pas cacher la forêt des valeurs partagées. L'appartenance commune de la France et des Etats-Unis au monde libre et démocratique représente un socle inébranlable du lien entre les deux peuples. «Les Etats-Unis et la France, ce sont deux nations qui sont fidèles à un même idéal, qui défendent les mêmes principes, qui croient dans les mêmes valeurs. En tant que Président de la République française, mon devoir c'est de dire au peuple d'Amérique que vous représentez dans votre diversité, que la France n'oubliera jamais le sacrifice de vos enfants, et de dire aux familles de ceux qui ne sont pas revenus, aux enfants qui ont pleuré des pères qu'ils ont à peine eu le temps de connaître que la gratitude de la France est définitive. » Qui peut en effet oublier l'appui décisif que les Etats-Unis ont apporté à la cause de la liberté ? Sans leur appui, sans le sacrifice du sang de leurs soldats, la barbarie nazie et l'oppression communiste n'auraient pu être extirpées.

Nicolas Sarkozy a exalté également les valeurs spirituelles et la vitalité du dynamisme américain : « L'Amérique incarnait pour nous l'esprit de conquête. Nous avons aimé l'Amérique parce que l'Amérique c'était une nouvelle frontière sans cesse repoussée, un défi sans cesse renouvelé à l'inventivité de l'esprit humain. Je l'affirme à la tribune de ce Congrès, la force de l'Amérique n'est pas seulement une force matérielle, c'est d'abord une force morale, une force spirituelle. Nul ne l'a mieux exprimé qu'un pasteur noir qui ne demandait à l'Amérique qu'une seule chose, qu'elle fût fidèle à cet idéal au nom duquel il se sentait, lui le petit-fils d'esclave, si profondément américain. Il s'appelait Martin Luther King. Il a fait de l'Amérique une référence universelle dans le monde. Et le monde se souvient de ces paroles que pas un jeune Français de ma génération n'a oubliées, les paroles de Martin LUTHER KING, des paroles d'amour, des paroles de dignité, des paroles de justice. Et ces paroles, l'Amérique les a entendues. Et l'Amérique a changé. Et les hommes qui avaient douté de l'Amérique parce qu'ils ne la reconnaissaient plus se sont mis à aimer de nouveau l'Amérique. »

Mais cet hommage rendu aux forces de l'esprit civique américain n'a pas pour autant conduit le président français à une attitude de soumission. Il a affirmé l'ardente obligation pour les Etats-Unis de rester attachés à l'idéal de liberté, de défendre l'écologie, de lutter contre les dérives financières.

La France est amie mais dans la sauvegarde de son indépendance, dans sa fidélité à l'Union européenne. « Au final, je veux être votre ami, votre allié, votre partenaire.

Mais je veux être un ami debout, un allié indépendant, un partenaire libre. »

Nicolas Sarkozy a su, en l'espace d'un discours, effacer les scories de l'ère Villepin, tisser la toile d'un nouveau partenariat avec les Américains et surtout toucher les cœurs : un succès incontestable.

LE TEMPS DES MOUVEMENTS SOCIAUX

19 novembre 2007

Après l'état de grâce, le temps des mouvements sociaux est arrivé. SNCF et RATP sont en grève depuis une semaine. Des mouvements sporadiques secouent les Universités. Les fonctionnaires vont, à leur tour, rejoindre le mouvement.

Certes, personne n'imaginait que les différentes catégories sociales touchées par les réformes Sarkozy accepteraient de voir leurs privilèges abolis sans protester. Mais la question est posée d'évaluer l'importance de ces protestations et la marge de manœuvre du pouvoir.

L'opinion publique dans sa majorité ne suit pas le mouvement. Elle paraît convaincue, pour l'instant, de la nécessité des réformes engagées. Sa préoccupation est le pouvoir d'achat. Seule une aggravation de la situation économique pourrait générer un mouvement populaire d'ampleur.

L'opposition politique est affaiblie. Elle paraît gênée par ces conflits et a du mal à adopter une position commune.

Les centrales syndicales sont elles-mêmes en perte de vitesse. Elles peinent à encadrer un mouvement plus puissant à la base que soutenu par le sommet. C'est aussi ce qui rend les négociations difficiles.

Ces conflits illustrent la faiblesse du syndicalisme français qui est totalement à reconstruire. Il faut édifier de véritables centrales professionnelles puissantes à la place des syndicats politisés que nous connaissons. Cette mutation ne se fera pas en un jour.

Sur le fond, il faut à l'évidence que le gouvernement communique mieux sur les objectifs de ses réformes.

En politique, il ne suffit pas d'avoir raison. Il faut aussi convaincre.

LA MISE EN EXAMEN DE JACQUES CHIRAC

19 novembre 2007

Ce mercredi 21 novembre 2007 marque un événement majeur du fonctionnement de la justice française.

Pour la première fois, un ancien président de la République française a été mis en examen. Au terme de trois heures d'audition au pôle financier du Palais de Justice de Paris, où il avait été convoqué comme n'importe quel citoyen, Jacques Chirac a été mis en examen par la juge Xavière Simeoni pour «détournements de fonds publics» dans le dossier des chargés de mission de la mairie de Paris.

Il est reproché à l'ancien maire de Paris de 1977 à 1995 d'avoir recruté par complaisance des personnes qui n'occupaient pas d'emplois réels à la mairie de Paris. Cette mise en examen a été rendue possible par l'expiration de l'immunité dont disposait l'ancien Chef de l'Etat.

On peut regretter que l'on vienne ainsi chercher noise, si longtemps après les faits, à un homme qui a occupé les fonctions les plus hautes de l'Etat et qui siège aujourd'hui en tant que membre de droit au Conseil Constitutionnel. Et, pourtant, la procédure suivie ne recèle rien d'anormal.

Rappelons tout d'abord que la mise en examen- qui a remplacé l'ancienne inculpation- laisse subsister la présomption d'innocence et ne préjuge pas de la décision qui sera prononcée au terme de l'instruction et de l'éventuel jugement. Regrettons simplement que la mise en examen soit trop souvent interprétée comme une déclaration de culpabilité.

Mais, pour le reste, il n'y avait pas dans la procédure d'autre issue que celle-là. Dans cette affaire, plusieurs anciens directeurs de cabinet du maire de Paris étaient mis en examen depuis cinq ans. Dès lors que Jacques Chirac perdait son immunité, il était évident qu'il ne pouvait avoir un sort différent de celui de ses collaborateurs.

Cependant il faut bien se rendre compte que cette affaire pose deux types de problèmes.

Nous sommes dans l'archéologie judiciaire. La mise en examen est prononcée pour des faits dont certains remontent à plus de trente ans. Est-ce bien le rôle de la justice de se prononcer avec autant de retard, alors et surtout que les mœurs et les lois ont évolué ?

Ce qui est reproché à Jacques Chirac : utiliser des employés de la ville pour des fonctions politiques était courant à l'époque. Tous les partis politiques y avaient recours.

Mais on ne peut reprocher aux magistrats de faire leur travail. La responsabilité de cette situation repose sur la classe politique et donc en partie sur Jacques Chirac lui-même.

Lorsqu'ont été votées les nouvelles dispositions sur le financement des partis politiques, personne n'a osé y inclure une amnistie pour les faits passés. Chacun a pensé être à l'abri de l'orage et a abandonné à leur triste sort les Emmanuelli ou autres Juppé qui ont été victimes de la rigueur de la justice. C'est cette attitude hypocrite qui est à l'origine de l'affaire Chirac et non la malveillance des magistrats.

UNE GREVE REJETEE PAR L'OPINION PUBLIQUE

26 novembre 2007

Après une semaine de grève dans les transports publics, le temps de la négociation est venu. Il est vrai que, de jour en jour, le mouvement s'essoufflait et suscitait une irritation croissante chez les usagers.

Comme après chaque mouvement de ce type, on se pose la question : n'aurait-il pas été plus raisonnable de négocier avant ? Mais on sait bien que les grèves sont comme les guerres : une confrontation pour déterminer la puissance respective des acteurs. Le conflit permet à chacun de calculer ce qu'il en coûte d'aller trop loin.

La grève dans les services publics ne se déroule cependant plus entre deux belligérants : les employés et le gouvernement. Un tiers s'est glissé dans la confrontation : l'opinion publique. C'est elle que chacun des combattants doit convaincre.

Or, dans cette grève-là, le gouvernement jouait sur du velours car il avait la majorité de l'opinion de son côté.

Comment justifier, en effet, ces régimes spéciaux de retraite d'un autre âge alors que les conditions de travail ont changé ?

Comment expliquer ces retraites de « jeunes » alors que la durée de vie s'allonge et que les cotisations des actifs ne permettent plus de supporter la charge des retraites ?

Conscientes de cette mauvaise presse de la grève, les principales centrales syndicales n'ont soutenu le mouvement que du bout des lèvres.

Tout n'est pas réglé mais la réforme devait passer ou casser. Elle est en bonne voie.

FRANCE-ALGERIE, QUELLE REPENTANCE ?

4 décembre 2007

L'actuelle visite de Nicolas Sarkozy en Algérie oblige les deux Etats amis à revisiter le passé. Ce n'est pas facile car chaque pays voit l'histoire au bout de sa lorgnette et les deux matériels ne sont pas compatibles.

La France fut une Nation colonisatrice en Algérie et ailleurs. Elle se croyait porteuse d'une mission civilisatrice et elle exportait dans ses « possessions » ses hommes, ses idées, ses modes de vie. A l'époque, la colonisation était considérée comme légitime et personne ne se préoccupait du degré d'adhésion des populations locales. En Algérie plus qu'ailleurs l'assimilation fut poussée jusqu'à ses extrêmes. L'Algérie était un (puis des) département français intégré dans la République.

Progressivement, une Nation algérienne s'est affirmée et a cherché à construire son Etat. La guerre vit s'opposer la volonté d'émancipation et l'exacerbation de l'assimilation en intégration. Comme toute guerre, celle-ci eut son cortège d'atrocités dont furent victimes des Algériens et des Français innocents.

Rien ne justifie la torture, le viol, la force brutale. Peu importent après tout le repentir ou les excuses. Ce qui est fondamental c'est que tous s'accordent à reconnaître le caractère illégitime des actes contraires au droit des gens qui furent commis.

Mais les deux peuples ne doivent pas construire leur avenir dans un rétroviseur. Ce n'est pas en réveillant les fantômes du passé que l'on peut bâtir le socle d'une relation fructueuse.

Il appartient à la France et à l'Algérie de définir les axes d'une solide coopération culturelle, industrielle, commerciale pour enterrer définitivement les traumatismes et les aigreurs d'une histoire douloureuse.

EUROPE-AFRIQUE, LE SOMMET DE LISBONNE : JE T'AIME MOI NON PLUS

9 décembre 2007

Il aura fallu sept ans pour que, après Le Caire, s'organise ce second sommet Afrique-Europe à Lisbonne. Les obstacles ont été nombreux sur la route et l'absence officielle de la Grande- Bretagne en raison de l'invitation adressée à Robert Mugabe, le vieux dirigeant du Zimbabwe, a failli faire encore capoter le sommet.

S'il a été maintenu, c'est parce qu'il y a urgence: l'Europe prend peur devant l'irruption sur la scène africaine de nouveaux acteurs comme la Chine, le Brésil ou l'Inde sans oublier bien entendu les Etats-Unis. Certes l'Europe reste le principal partenaire commercial de l'Afrique, mais le grignotage de ses positions est très rapide. Aussi l'Union européenne a-t-elle adopté une politique audacieuse pour un nouveau partenariat avec l'Afrique.

En apparence ce Sommet est un succès. Les Etats présents ont adopté une déclaration politique affirmant le principe de "l'égalité dans la souveraineté". Huit priorités ont été définies: la paix et la sécurité (avec notamment le soutien aux opérations de maintien de la paix), la gouvernance et les droits de l'homme, le commerce, l'assouplissement des "objectifs du millénaire" (éducation, santé ...), l'énergie, le changement climatique, le pôle "migration, mobilité et emploi" et la science. Un représentant spécial de l'Union européenne auprès de l'Union africaine a été désigné pour veiller à l'application de la politique européenne en Afrique.

Mais, sous cet apparent consensus, une grave ligne de fracture est apparue.

Le soutien apporté par les Africains à Robert Mugabe démontre l'irritation de nombreux gouvernants devant les tentatives de l'Union européenne pour définir à la place des Africains des critères de la bonne gouvernance que beaucoup assimilent à une sorte de néo- colonialisme.

Hier, la colonisation remettait les rênes du pouvoir aux puissances européennes. Aujourd'hui, l'Europe tendrait à exiger que les dirigeants africains appliquent les partitions définies par les Etats dominants. Une nouvelle génération de dirigeants africains ne se sent plus enchaînée par la révérence à l'égard de la vérité européenne Les conditionnalités européennes apparaissent comme des résurgences du colonialisme et les populations africaines se rebellent devant ces immixtions dans leurs affaires.

Le débat s'est concentré à Lisbonne sur la grande mutation des relations commerciales que Bruxelles tente d'imposer à l'Afrique. Nombreux sont les dirigeants africains qui refusent de signer les accords commerciaux de libre-échange que Bruxelles leur demande d'accepter avant le 31 décembre. Le risque est en effet que la libre entrée des produits européens ruine les productions locales et prive les Etats africains de recettes douanières qui leur sont nécessaires. Le forcing de l'administration européenne qui cherche à exercer des pressions sur chaque Etat plutôt que de tenter une approche globale avec l'Afrique paraît ruiner l'objectif même de la réunion de Lisbonne. Là ou on espérait un dialogue d'égal à égal Europe-Afrique, Bruxelles paraît tentée par la stratégie du diviser pour régner.

Il y a donc quelques ombres dans le théâtre bien ordonné de Lisbonne.

EUROPE, LE TRAITE DE LISBONNE : UNE NOUVELLE EUROPE

16 décembre 2007

Le jeudi 13 décembre 2007, les dirigeants européens ont signé avec solennité le Traité de Lisbonne. Ce document remplace la défunte constitution européenne, qui avait été rejetée par référendum en France et aux Pays-Bas deux ans auparavant.

La méthode suivie à l'initiative du Chef de l'Etat français a été plus pragmatique et moins ambitieuse que la précédente. On ne parle plus de constitution, terme qui laissait penser à une intégration des Etats membres dans un ensemble unitaire. On se fixe des objectifs plus limités. Mais le but poursuivi ne change pas. Comment accélérer l'intégration européenne ? Comment permettre une meilleure prise de décision ?

Car il est vrai qu'une Union à vingt-sept membres ne pouvait plus se gouverner avec la lourde procédure de l'unanimité.

Désormais, sur un grand nombre de questions dont la coopération judiciaire et policière, l'éducation ou la politique économique, il suffira d'avoir 55% des États (donc 15 sur 27) qui représentent au moins 65% de l'ensemble de la population pour qu'une décision soit prise. C'est un progrès considérable. L'unanimité restera cependant la règle pour la politique étrangère, la sécurité sociale, la fiscalité et la culture.

Un Président du Conseil européen sera nommé pour deux ans et demi, renouvelable une fois.

Le haut représentant pour la politique étrangère-que l'on n'appellera pas ministre- présidera le Conseil des Affaires générales et des Relations extérieures.

A partir de 2014, la Commission sera réduite. Le nombre de commissaires ne sera plus égal à celui des Etats-membres. La Commission européenne comptera 18 commissaires (soit les deux tiers du nombre des Etats-membres). Les Commissaires seront choisis sur un système de rotation égalitaire entre les Etats-membres pour un mandat de 5 ans.

Le nombre de parlementaires européens ne dépassera pas 750. Le nombre de députés par pays sera fixé par un système proportionnel dégressif avec un maximum de 96 et un minimum de 6 pour chaque pays.

Il faudra certes que ces dispositions soient ratifiées par les vingt-sept Etats-membres pour entrer en vigueur. Mais chacun a admis que ce serait la procédure parlementaire qui serait utilisée pour cette ratification et non le référendum populaire.

C'est déjà un aveu de faiblesse. L'Europe est perçue par les populations de l'Union plus comme une machine bureaucratique que comme une Nation expression d'un vouloir-vivre collectif. Enfermée dans un jargon technocratique et dans des procédures complexes, elle reste difficilement intelligible pour la plupart des citoyens européens. Quant aux gouvernants des Etats-membres, ils sont souvent tentés par un double jeu : solliciter l'aide de l'Europe pour disposer des moyens, blasphémer contre l'Europe pour se décharger de leurs responsabilités lorsque quelque chose va mal.

Certes Paris ne s'est pas fait en un jour. Mais, en faisant passer l'élargissement avant l'approfondissement, les stratèges de l'Europe ont créé les conditions d'une vulnérabilité de l'Union européenne devant de gros orages.

Le traité simplifié est néanmoins un grand pas dans la bonne voie.

MISS FRANCE ET M. SARKOZY

20 décembre 2007

Elle s'appelle Valérie Bègue. Elle est originaire de La Réunion, ce sublime département français de l'océan Indien. Elle a triomphé dans une lourde compétition. Elle a été sacrée Reine des Françaises. La voilà hissée sur un piédestal, chargée d'incarner la beauté française dans le monde entier. On imagine sa joie, sa fierté et celle de toute la population de sa région.

Et puis patatras, voici que l'on découvre qu'elle a été naguère photographiée nue, ce qui choque la responsable de la compétition la très autoritaire Mme de Fontenay qui ne songerait jamais à exhiber ses formes si ce n'est revêtue de son célèbre couvre-chef. Voilà notre Reine menacée d'être détrônée. Car une Reine de beauté doit faire rêver. Elle doit incarner la pureté, l'innocence, même si l'on imagine que, pour en arriver là, elle a dû affronter l'atmosphère souvent glauque de ces studios photos où errent des prédateurs avides de chair fraîche et de photos volées. Mais l'essentiel est que cela ne se sache pas. On comprend la rigidité de Mme de Fontenay. Une Majesté ne doit jamais montrer les faiblesses de sa cuirasse. Elle doit convaincre qu'elle est autre. Le rêve collectif est à ce prix.

Il s'appelle Nicolas Sarkozy. Il est le président de tous les Français élu haut la main après une compétition loyale et respectable. Le président de la République est un véritable monarque républicain. Dans la conception française du pouvoir, il est au-dessus et en dehors des autres. Les Chefs d'Etat n'en sont pas moins des êtres humains de chair et de sang. Ils ont leurs passions et leurs faiblesses L'essentiel est que le bon peuple n'en sache rien et continue d'imaginer que son Roi est d'une essence différente. L'usage voulait donc que ses monarques fussent discrets sur leur vie privée. Ils pouvaient avoir compagnes et maîtresses mais les citoyens devaient l'ignorer.

Arrive Nicolas Sarkozy qui décide de nous faire vivre en direct sa passion contrariée avec Cecilia puis sa liaison avec la sublime Carla Bruni. Un tel exhibitionnisme ne relève pas de l'accident. C'est de façon délibérée que le président dévoile au grand jour sa vie privée. Il a compris que la société a changé et que dans la civilisation de communication moderne le secret n'est plus possible. Mais l'attitude de Nicolas Sarkozy a une motivation plus profonde. Il souhaite désacraliser le pouvoir, le rendre plus accessible à chacun. Il souhaite donner l'image d'un président qui mène une vie semblable à celle de ses compatriotes. Il se prive de la majesté de ses fonctions et s'expose sans réserve.

Miss France est une Majesté à laquelle on reproche sa nudité. Nicolas Sarkozy abandonne son vêtement monarchique pour laisser percevoir sa nudité républicaine.

LA CULTURE FRANCAISE EST-ELLE MORIBONDE ?

3 janvier 2008

S'il fallait un exemple du repli hexagonal, le quasi-silence qui a suivi la publication dans l'important magazine *Times* d'un article provocateur sur la mort de la culture française en constituerait une excellente illustration. Car, enfin, un pays qui se flatte d'être le berceau de la culture universelle ne peut être indifférent à un jugement, même exagéré ou partial, que porte sur lui l'extérieur.

Le constat dressé par l'auteur DON MORRISSON mérite d'être examiné. 727 nouveaux romans sont en librairie à la rentrée 2007, mais moins d'une douzaine sont traduits aux Etats-Unis chaque année. Près de 200 films sont produits chaque année dans l'Hexagone, mais près de 50 % des recettes du box-office reviennent au cinéma américain. La création musicale déserte Paris et le marché de l'art s'est enfui à l'étranger.

Et pourtant le budget de la culture est un des plus importants au monde (1,5 % du PNB, contre 0,7 % en Allemagne, 0,5 % au Royaume-Uni, 0,3 % aux Etats-Unis). La culture est largement subventionnée par l'Etat, les régions ou les municipalités. Elle a peu de rayonnement hors des frontières.

Aucun auteur français ne se dégage du marais littéraire : où sont donc les Camus ou Malraux ? Les films français restent intimistes et confidentiels. La cote des peintres français reste faible. Qui connaît à l'étranger un autre chanteur français que Johnny Hallyday ? La génération des Trenet, Piaf ou Aznavour s'éteint sans descendance.

On peut trouver ce constat exagéré ; il n'en traduit pas moins une réalité incontestable. La culture française est en déclin. La France est en crise de création.

A l'image de la société française, la culture est bureaucratisée. Le pouvoir y appartient à une cohorte de fonctionnaires qui distribuent aides et subventions sans égard pour le marché. Des coteries se sont constituées dans les régions et à Paris dont l'art de capter les aides publiques est plus fort que les talents. Tout ce système s'est forgé ses codes de comportement et s'est arrogé le pouvoir de parler au nom d'une culture ésotérique et élitiste. Comme ces grands prêtres ne sont pas sûrs que le public épouse leurs choix, ils ont forgé des barrières de protection. Supprimer une subvention relève du sacrilège et voit se dresser les signataires de manifestes et si le malade ne veut pas ingurgiter les breuvages ainsi fabriqués, il faut les lui délivrer de force avec la politique des quotas qui est à la culture ce que le gavage est aux oies.

La politique vient à s'en mêler. Le bon adepte de la culture doit être de gauche sous peine d'être rejeté dans le royaume des oubliettes. Il doit éviter de déranger le conformisme idéologique. Jusqu'à Soljenitsyne, un bon écrivain se devait d'approuver le marxisme et de considérer Moscou comme la patrie des droits de l'homme.

La France a de beaux équipements publics mais elle en est aussi l'esclave. Elle paraît préférer les contenants aux contenus. Les réalisations architecturales sont si nombreuses qu'elles absorbent une grande part des crédits.

La société littéraire exclusivement parisienne est un concentré de copinages. Membres des comités de lectures, chroniqueurs et producteurs de radios ou de télés inondent la production de livres qui sont à la littérature ce que le papier journal est au vélin.

Quant au public, peu s'en préoccupent. Le succès populaire est presque un handicap et les auteurs à succès sont martyrisés par le fisc et s'évadent à l'étranger.

Mais le déclin de la culture française n'est que la traduction d'un déclin plus profond, celui de la France elle-même. Le culte de la jouissance immédiate a remplacé la recherche de la perfection. Les hédonistes ont pris la place des créateurs.

La culture est une ascèse : la volonté de dépasser les miasmes du quotidien pour construire la planète des utopies, la recherche désintéressée pour grandir et magnifier l'espèce humaine, la confiance dans la jeunesse, la quête permanente de la vérité en abolissant les conformismes. On est loin des trente-cinq heures et du cortège des égoïsmes. Le plus grand ennemi de la culture française, c'est un matérialisme qui ne dit pas son nom, c'est le refus du libéralisme innovateur, c'est une bureaucratie paralysante qui emprisonne les volutes de l'esprit, les arabesques du savoir.

Voilà pourquoi le message délivré par *Times* mérite d'être pris au sérieux.

FUMER EST DANGEREUX, VIVRE EST UN RISQUE

5 janvier 2008

Depuis le 1ᵉʳ janvier, il est interdit de fumer dans les lieux publics. Une nouvelle contrainte pèse désormais sur les citoyens. Nul ne peut contester que cette mesure repose sur des raisons impérieuses de santé publique. Cette nouvelle interdiction vient s'ajouter à la longue liste des réglementations qui visent à protéger les citoyens contre eux-mêmes comme l'obligation du port de la ceinture ou du casque, le cortège de mesures destinées à limiter la consommation d'alcool. Voici à présent que d'aucuns cherchent à dicter le contenu de nos assiettes ou notre degré d'activité physique.

Après tout, il n'y a là rien que de très normal. Les Français de 2008 veulent vivre plus vieux. Pourquoi ne pas les faire bénéficier des progrès de la recherche médicale en leur expliquant les moyens de progresser en âge dans la meilleure forme.

Pourtant, là où le problème se pose, c'est au moment où la préconisation devient une prescription légale sanctionnée pénalement. De jour en jour, ces nouvelles obligations de comportement viennent limiter les libertés individuelles. Or ce sont les régimes les plus libéraux qui les initient : les pays anglo-saxons sont les inventeurs des mesures anti-tabac.

Il paraît donc y avoir une singulière contradiction entre l'idéologie affichée de libéralisme et l'usage répété de la contrainte légale.

C'est, en réalité, la collectivisation des risques qui explique ce décalage. Dans la mesure où dans nos sociétés l'Etat ou des organismes collectifs deviennent, de plus en plus, les assureurs tous risques des aléas de la vie, ils sont tentés de réglementer nos comportements pour réduire la facture à payer. Une société qui assure contre la maladie cherche, c'est bien normal, à réduire le nombre de malades et donc à faire en sorte que les bien-portants se comportent sagement. Ainsi, progressivement, les citoyens deviennent des motrices posées sur des rails qui dictent le parcours de la vie, du moins tant que ces robots acceptent de se voir ainsi guidés. La vie est un risque et un être humain est-il encore tel lorsqu'il est protégé de tout ?

La rigidité des réglementations porte en germe pour demain de belles rébellions.

LA CIVILISATION SARKOZY

9 janvier 2008

Les hommes politiques forgent les lois et les règlements. Ils tentent parfois de modifier les comportements. Lorsqu'ils sont plus audacieux, ils s'efforcent de changer la vie et parfois la société. Leur empreinte sur la civilisation est plus difficile à mesurer. L'ensemble des comportements et des facteurs dominants qui constituent une civilisation s'inscrit dans le marbre des siècles là ou le pouvoir du politique se dilue dans la poussière des années. Soixante ans de communisme ont changé la société russe. Ils n'ont pas vraiment modifié la civilisation russe.

Aussi l'étonnement fut grand lorsque Nicolas Sarkozy lors des vœux de nouvel an émit la prétention d'inscrire son action dans une perspective de civilisation. C'est pour répondre à cette interrogation que le Chef de l'Etat a consacré 45 minutes de sa conférence de presse du 8 janvier 2008 à expliquer son ambition.

"J'ai été élu en promettant un changement en profondeur, une véritable rupture", a-t-il martelé en expliquant que "la politique de la civilisation" est pour lui "la politique de la vie".

Les gouvernants dans les sociétés contemporaines au fonctionnement complexe se contentent le plus souvent de s'occuper de la gestion, ce qui laisse une grande place aux bureaucraties et à l'immobilisme. Nicolas Sarkozy cherche à retrouver le fondement éthique de l'action gouvernementale. Il veut substituer une politique des valeurs à l'administration du quotidien.

Sur ce terrain éthique, il souhaite promouvoir "l'amour, l'ouverture aux autres, l'humanisme, le respect". Dans la même veine, il a promis de faire inscrire, avec l'aide de Simone Veil, l'égalité entre hommes et femmes, le respect de la diversité, l'intégration et les questions de bioéthique dans le préambule de la Constitution.

A l'évidence, cette recherche du sens de l'action est essentielle. Nos sociétés contemporaines ressemblent trop à des bateaux ivres qui avancent résolument mais on ne sait vers quel but. Enfermées dans la quête du profit matériel, elles ont pour seul point d'ancrage la recherche du taux de croissance.

Mais il ne faut pas non plus oublier que l'homme politique n'est pas un prêtre. Il lui est difficile de se réfugier dans l'Olympe alors que les électeurs l'attendent dans la rue. Il doit donc se préoccuper de l'intendance. Et, après avoir disserté sur la philosophie de l'action, Nicolas Sarkozy a dû redescendre au niveau des taxes et redevances et de la publicité sur les chaînes publiques.

Il n'est pas cependant indifférent que le président de la République s'efforce d'introduire une nouvelle clé de cohérence dans l'action publique.

J'ai théorisé la politique giscardienne dans mon livre L'ETAT CIVILISE paru chez Fayard en 1978.

..

SARKOZY, UNE IMAGE SUREXPOSEE

16 janvier 2008

La politique de la République ne se fait pas en fonction des sondages. Mais ceux-ci sont des indicateurs précieux des frémissements de l'opinion. Or, pour la première fois depuis son élection, le nombre de Français mécontents du président (48 %) dépasse celui des satisfaits (45 %) (Sondage BVA-Orange pour *L'Express* du 17 janvier, effectué auprès de 1 050 personnes).En quelques semaines, la cote de confiance qui était largement positive s'est effritée. Les causes de cette descente au purgatoire sont multiples.

Les Français ont élu un président au parcours politique atypique qui a promis de dire la vérité aux Français. Ils ne lui ont pas fait reproche de sa vie privée agitée tant la sincérité leur est apparue préférable au mensonge. Mais le mélange de la vie privée et de la vie publique leur apparaît quelque peu inconvenant. L'éloge public du rôle de Cécilia a séduit mais il est apparu trop proche du divorce. Le "Avec Carla Bruni c'est du sérieux" est venu trop vite suivre la séparation avec la première première dame. Ce télescopage d'événements donne quelque peu le tournis et nourrit l'impression que la vie privée a pris le pas sur la vie publique.

Le même désordre s'est installé dans la communication élyséenne. S'il n'est pas choquant que le secrétaire général ou le porte-parole du président s'expriment ; il est incongru de voir la « plume » du président expliquer ce qu'il a voulu dire dans « ses » discours. Je ne connais qu'une expression écrite ou orale, c'est celle du Chef de l'Etat et je me moque bien de savoir qui lui a suggéré telle phrase ou telle tournure. Dès que le président s'est approprié un texte, celui-ci constitue la parole présidentielle. Pour avoir rempli ce rôle de plume de plusieurs Chefs d'Etat, je sais que cette fonction requiert la modestie -il faut toujours savoir rester à l'ombre du président-, la malléabilité- il faut sans cesse s'adapter à ce que veut le président- et l'extrême effacement car il ne faut jamais se glorifier du travail que l'on a fait. Dès lors que le discours est prononcé, il est la parole du président car celui-ci n'est pas le perroquet de son nègre. C'est réduire la fonction présidentielle que s'en approprier des pans entiers. Les Français ont élu Nicolas Sarkozy et non Henri Guaino ou tel autre.

Enfin, si les Français ont choisi un président actif, ils s'inquiètent de la suractivité qui donne l'impression de la fragilité. En photographie, une image surexposée est difficile à percevoir. Il en va de même dans la vie des Etats. L'image d'une présidence au pas de course fatigue l'opinion et donne parfois l'impression d'une absence de consistance.

LES MUTATIONS DE LA POPULATION FRANCAISE

18 janvier 2008

Le tableau démographique 2007 de l'Insee révèle les tendances lourdes des évolutions de la société française. Pour la première fois en France, les naissances hors-mariage sont majoritaires. En 2007, elles ont représenté 50,5% du total des naissances contre 48,4% en 2006. C'est la conséquence du lent déclin du mariage. 266 500 unions ont été enregistrées en France métropolitaine et dans les Dom Tom, contre 274 084 en 2006 et 305 385 en 2000.Lorsqu'ils se marient, les Français le font de plus en plus tard. L'âge moyen au mariage, de 31,3 ans pour les hommes et 29,3 ans pour les femmes, a augmenté d'une année entière en moins de cinq ans. L'allongement de la durée des études et le travail des femmes sont à l'origine de ce phénomène.

Par ailleurs, l'institution du mariage a vieilli. Le thème de l'indissolubilité du mariage n'est plus de saison et les Français, conscients de la précarité des unions et de la lourdeur et du coût des divorces, hésitent à s'engager durablement.

Il est vrai qu'une institution parallèle, le PACS, poursuit son bonhomme de chemin avec 350 000 déclarations depuis sa création en novembre 1999. La progression des contrats conclus se poursuit à un rythme de 25 %. Il est à noter que, contrairement à ce qui avait été envisagé à sa création, le PACS concerne surtout des couples hétérosexuels dont l'Insee estime le nombre à 90 000 sur 2007, soit l'équivalent d'un mariage sur trois.

Les bébés sont revenus à la mode. Les vedettes du *show-biz* se flattaient voilà vingt ans de leurs avortements. Elles exhibent aujourd'hui leurs ventres ronds et leurs jeunes enfants. Le nombre de naissances a atteint globalement 816.500. Ces enfants vivront de plus en plus vieux : : les plus jeunes Français ont gagné trois mois d'espérance de vie. Un garçon né en 2007 devrait vivre 77,5 ans et une fille 84,4 ans : le record européen de longévité.

Les Françaises procréent de plus en plus tard. L'âge moyen des mères a augmenté à 29,8 ans en 2007 contre 29,7 les deux années précédentes. La proportion de nouveau-nés de mères âgées de 35 ans ou plus a atteint 21,1 % du total des naissances, contre 20,5 % l'année précédente et 15,5 % il y a dix ans.

Certes, la population française continue de vieillir mais moins que dans les autres pays européens.

C'est une France nouvelle qui se dégage de cette enquête, une France plus libérale, moins emprisonnée dans les tabous sociaux., des Français aussi qui hésitent entre un individualisme exacerbé et la recherche d'un bonheur à deux vécu dans une plus grande modernité.

SARKOZY ET LA RELIGION

21 janvier 2008

Par petites touches et sans crainte de bousculer les idées reçues, Nicolas Sarkozy a tenté ces dernières semaines de modifier la position française sur la laïcité.

Il existe pourtant un consensus sur une conception française de la laïcité. Celle-ci s'est construite dans la volonté de soustraire l'Etat à l'influence de l'Eglise catholique. Les religions relèvent de la sphère privée et la République ne doit subventionner aucun culte. Le libre exercice des religions porte en contrepartie la stricte neutralité des autorités publiques par rapport à toutes les croyances.

La France connaît un grande diversité religieuse (v. *La Croix* 18 janvier 2008).

On recense 40 millions de catholiques soit 64,6 % de la population. Les catholiques pratiquants réguliers (qui vont à la messe au moins une fois par mois) représentent 8,6 % de la population française, soit 5,3 millions de personnes.

Il y a 1,8 million de musulmans soit 3 % de la population française. Le nombre de personnes d'origine musulmane est estimé à 4 millions.

On compte 1,3 million de protestants soit 2,15 % de la population française, 500 000 à 600 000 juifs soit environ 1 %, 400 000 à 500 000 chrétiens des différents rites orientaux, dont 300 000 orthodoxes et 475 000 bouddhistes.

Les agnostiques et les athées se situeraient autour de 15 millions, soit 24,5 % de la population. 14 % des Français se déclarent « athées convaincus » (*Le Monde des Religions*, janvier février 2006).

Les seuls débats qui sont apparus dans la sphère publique ces dernières années ont porté sur les controverses suscitées par certains courants liés à l'islam tendant à imposer des signes extérieurs de la religiosité comme le voile que la République a réglementé au nom de la laïcité. Nicolas Sarkozy, alors ministre de l'Intérieur, a pourtant tenté de modifier la conception française de la laïcité. En organisant un Conseil du culte musulman, il a, pour la première fois, introduit l'Etat dans l'organisation religieuse.

Dans son intervention à Saint-Jean-de-Latran, Nicolas Sarkozy a tenté d'aller plus loin et de défendre une conception positive de la laïcité où l'Etat épaulerait les religions et s'appuierait sur elles dans l'encadrement social. En insistant sur les racines chrétiennes de la France, il a ajouté : "Un homme qui croit c'est un homme qui espère. Et l'intérêt de la République c'est qu'il y ait beaucoup d'hommes et de femmes qui espèrent". "La France a besoin de catholiques", a-t-il affirmé et il a fustigé une laïcité qui aurait tenté "de couper la France de ses racines chrétiennes ».

A l'évidence, un grand nombre de valeurs de la société française tirent leurs sources du christianisme mais, intégrées dans les pratiques sociales et le droit, elles se sont en quelque sorte laïcisées. On peut se demander si les rattacher à nouveau à leurs sources ne risque pas de raviver de vieilles controverses aujourd'hui apaisées ou de conduire d'autres religions à tenter d'imposer à leur tour à l'Etat leurs valeurs.

La force de la République tient justement dans la cohabitation de tous dans un même creuset de valeurs. Celles-ci ne supposent pas l'adhésion à un dogme. Traduites dans la loi, elles sont des règles de comportement communes détachées de tout conformisme spirituel.

Si Nicolas Sarkozy a raison de souligner que l'hostilité qui avait présidé en 1905 à la séparation de l'Eglise et de l'Etat n'a plus de raison d'être, sa hiérarchisation entre le rôle du religieux et du laïque est plus que contestable…

Dans une expression qui fera date - et qui paraît devoir être mise en parallèle avec sa formule à Dakar sur l'homme africain -, Nicolas Sarkozy n'a pas craint d'affirmer : "Dans la transmission et dans l'apprentissage de la différence entre le bien et le mal, l'instituteur ne pourra jamais remplacer le curé ou le pasteur."

C'est oublier que l'éducateur et le pasteur n'ont pas la même fonction. Le pasteur recherche l'adhésion à une vérité révélée. Sa mission se situe dans le domaine de l'irrationnel. L'éducateur délivre un savoir fondé sur la raison. Le prêtre exclut, l'éducateur rassemble.

Dans une époque où les intolérances se multiplient, il n'est pas sain d'encourager la parcellisation de la société française.

LES MUNICIPALES :
DES ELECTIONS LOCALES NATIONALISEES

23 janvier 2008

En visite à Pau le 21 janvier 2008, Nicolas Sarkozy a déclaré à propos des prochaines élections municipales : « Je n'ai pas à me mêler de la campagne municipale » et il a ajouté : « Je ne veux pas me mêler du détail des municipales dans chacune des villes de France ; ce n'est pas mon travail. Je ne vais pas m'engager sur chacun des combats municipaux. »

Certains commentateurs ont estimé que ces propos étaient en contradiction avec ceux tenus par le Chef de l'Etat le 8 janvier, lors de ses vœux à la presse, lorsqu'il affirmait : « Je m'engagerai parce que le concept même d'élections dépolitisées est absurde. »

Il n'y a, à vrai dire, aucune incohérence dans ces propos successifs : les municipales sont des élections locales nationalisées !

DES ELECTIONS LOCALES

Les élections municipales sont des élections locales au cours desquelles les citoyens recherchent des édiles compétents et proches d'eux, ce qui explique que des électeurs qui votent à droite sur le plan national puissent opter pour un choix à gauche pour les locales ou l'inverse.

Dans plusieurs enquêtes d'opinion récentes, les électeurs disent leur refus de faire des municipales un scrutin national. Ainsi en ce début d'année 2008, 73% des sondés de l'enquête Figaro Opinionway jugent qu'elles représentent un enjeu «local» et seuls 26% d'entre eux souhaitent les «nationaliser».

C'est ce qui explique que, lors des municipales, de nombreux élus mettent leur carte partisane dans leur poche et concluent des alliances qui apparaîtraient contre nature lors des législatives.

En ce sens, Nicolas Sarkozy a raison de dire qu'il n'a pas à s'en mêler.

DES ELECTIONS NATIONALISEES

Et pourtant les élections municipales sont liées au débat politique national.

Sauf exception, ce sont les partis politiques qui confèrent les investitures. Même s'ils doivent tenir compte des poids locaux, ils cherchent à se rattacher le maximum de candidats. N'oublions pas que les élus locaux participent entre autres à l'élection des sénateurs c'est-à-dire d'élus nationaux.

Quant aux électeurs, s'ils s'inspirent principalement de facteurs locaux, ils n'en tiennent pas moins compte de leurs préférences politiques et plus la ville est grande et plus ce facteur est prépondérant. C'est dire que, si une évolution des opinions politiques se produit, elle entraîne nécessairement des gains ou des pertes pour l'un ou l'autre des camps politiques. On estimera alors que les électeurs ont, selon le cas, envoyé un avertissement au pouvoir en place ou confirmé le parti majoritaire.

C'est ce qui explique qu'au lendemain des municipales chaque parti engrangera ses succès ou comptabilisera ses défaites, ce qui est bien la marque d'un scrutin national comme l'a dit, en d'autres termes, le président de la République.

LE MARIAGE DE NICOLAS SARKOZY

5 février 2008

Ainsi, pour la première fois dans l'histoire de la Vème République, un Chef d'état divorce et se remarie pendant le cours de son mandat. Même si l'institution du mariage est en déclin, il était difficile pour un président de la République d'associer à sa vie professionnelle sa compagne sans en être le légitime époux. Ce ne sont pas seulement les problèmes qui se posaient lors des voyages à l'étranger qui expliquent l'union mais aussi le jugement des Français qui commençaient à être inquiets devant l'instabilité affective de leur président. Dès lors, la relation Nicolas-Carla passe du sulfureux à l'institutionnel.

La discrétion de l'union démontre aussi un changement de comportement. La relation est passée d'Eurodisney à l'Elysée, de la foire à l'Etat, de la grivoiserie à la romance. Voilà qui fera rêver dans les chaumières et conduira les observateurs à jauger les partenaires de cette union qui additionnent leurs forces et leurs faiblesses.

Il est l'homme le plus puissant de France. Il a triomphé de tous ses adversaires. Il s'est imposé à ses amis. Il a conquis le RPR contre son propre fondateur, Jacques Chirac. Bulldozer, il écrase de son poids tous les obstacles sur son passage. Il veut, non seulement changer la société mais aussi bâtir les fondements d'une nouvelle civilisation. Il sillonne la planète, réussit à transformer la construction européenne, délivre les otages, manifeste sa présence sur tous les fronts.

Elle a reçu le don de la beauté mais aussi celui de l'intelligence sans laquelle l'esthétique n'est qu'un désert. Elle a la puissance de séduction que lui donne ce cocktail explosif qui illumine son regard. Toutes les femmes l'envient. Tous les hommes sont à ses pieds. Comme Nicolas, elle multiplie les secteurs irradiés par sa présence. Après avoir été la madone des grands défilés de mode, la couverture préférée des magazines, elle s'est lancée dans la chanson. Ses textes finement ciselés illustrent son talent. Elle a toujours un regard d'ange, une pureté, une tendresse qui séduisent. Même sa nudité ne choque pas. Elle offre à nos regards l'innocence de ses formes. Une femme nue ? Non: la transparence de l'âme. On comprend qu'une telle créature ait réussi à transpercer la cuirasse Sarkozy.

Mais chacun de ces tourtereaux a aussi ses faiblesses.

Gagner la présidence n'est pas une mince affaire ; c'est le sacrifice de toute une vie, une addition de renoncements, une priorité qui annihile toutes les autres préférences, une sorte de prison dans laquelle la destinée vous enferme et qui fait souhaiter d'autres compensations. Une fois que l'objectif est atteint, c'est là que tout devrait commencer mais c'est là aussi que le président nouvellement élu se retrouve dans une sorte de vide de projet.

Il éprouve un besoin de défoulement, celui de mener une vie ordinaire, d'user de sa liberté pour se mouvoir, pour aimer, pour se nourrir. Mais la présidence est une nouvelle prison.

Giscard s'était invité chez l'habitant ou s'était promené dans Paris à l'heure du laitier. Sarkozy s'en est allé avec sa compagne à Petra ou à Eurodisney. Mais ces escapades sont jugées par le bon peuple comme des incartades et le titulaire du mandat suprême est vite rappelé à l'ordre par ses électeurs. Et il y a les drames de la vie privée.

Un homme politique n'est plus propriétaire de son temps. Michel Debré lors de sa remise d'épée d'académicien s'est excusé auprès de sa famille pour toutes les cérémonies familiales auxquelles il n'avait pas pu assister en raison de ses fonctions publiques qui imposent souvent un renoncement à de grands pans de la vie privée. Les épouses d'hier – les tantes Yvonne – l'acceptaient, les femmes modernes non. Et puis il y a l'océan des tentations que procure le vedettariat : toutes les suffragettes de France rêvent de coucher dans leur lit un homme connu. Voilà alors notre homme politique qui est tenté de vivre dans l'instant.

Il en va de même pour la femme bénie par la beauté et l'intelligence. Sa force de séduction est une faiblesse dans laquelle elle peut perdre son âme.

Nicolas et Carla cumulent les forces et les faiblesses. On ne peut que souhaiter que la puissance de l'un contrebalance la faiblesse de l'autre et que la faiblesse de l'un des conjoints l'aide à combattre les excès de la puissance de l'autre. C'est le secret d'une union réussie.

LA CRISE DE LA SOCIETE GENERALE

6 février 2008

Un jeune trader, Jérôme Kerviel, vient de faire vaciller la Société Générale, une des plus grandes banques françaises en générant 5 milliards d'euros de pertes. La question se pose de savoir comment un seul employé peut causer un tel désastre. La fonction même du trader est génératrice de risque. Il passe en effet des ordres d'achat et de vente d'actifs et de contrats financiers sur un marché organisé ou de gré à gré. En jouant sur des écarts de cours, il doit maximiser son profit en minimisant son risque. C'est une sorte de jeu financier auquel on peut naturellement se brûler. Voilà pourquoi les banques encadrent strictement leurs traders en fixant des plafonds à leurs opérations.

Dans la présente affaire, les premiers résultats des investigations laissent présumer que, pour se soustraire à ces contraintes, Jérôme Kerviel se serait livré à des "abus de confiance", "faux et usage de faux", et "introduction dans des systèmes de données informatiques". L'intéressé reconnaît les faits mais, pour se justifier, avance qu'il bénéficiait d'une autorisation tacite de la banque.

Il y a eu en tout cas dans cette affaire une singulière défaillance des contrôles internes de l'établissement bancaire. Mais la réflexion doit aller au-delà.

L'activité de trading est un des éléments essentiels de la spéculation financière qui déstabilise les marchés. Il est devenu aujourd'hui plus rentable de jouer en Bourse que d'investir. Le financier a pris le pas sur l'industriel. C'est une déviation dangereuse dont la crise américaine des *subprimes* n'est qu'une des facettes.

Cette affaire illustre aussi la vulnérabilité des systèmes informatiques. Il ne s'agit pas de citadelles imprenables mais de toiles d'araignée qu'un spécialiste intelligent peut facilement transpercer.

Les progrès de l'informatique et de l'Internet sont si rapides que le juriste est souvent en retard par rapport au technicien. Veillons donc à faire en sorte que chaque nouveau pas de la technique soit encadré par des normes et que toute violation de celles-ci soit sanctionnée pénalement.

SARKOZY, L'ETAT D'APESANTEUR

10 février 2008

Après l'état de grâce, voici venu pour Nicolas Sarkozy l'état d'apesanteur avec une courbe de sondages devenue folle. Il semble que le pouvoir ne soit plus qu'un fétu de paille vulnérable à tous les vents. Chacun sait que l'état de grâce ne dure qu'un temps mais la rapidité du retournement de l'opinion mérite d'être analysée de plus près.

Ramenons tout d'abord les événements à leur juste dimension. La société médiatique parisienne est une caisse de résonance qui préfère les tambours tonitruants aux fines clarinettes. Après avoir encensé sans limites, elle condamne sans réserve. Le pouvoir n'est pas menacé. Il traverse simplement une zone de turbulences.

Le retournement d'opinion repose, en premier, sur des causes liées à l'attitude du Chef de l'Etat. Celui-ci se comporte comme si le régime politique français était déjà un régime présidentiel où les vrais ministres sont les collaborateurs du Chef de l'Etat. Or, constitutionnellement, ce n'est pas le cas. Les décisions du président de la République ne peuvent entrer en application qu'à travers l'appareil gouvernemental. Si des collaborateurs du Chef de l'Etat se comportent comme des ministres, cela réduit le poids politique du Premier ministre et des membres du gouvernement et occasionne des dissonances qui ruinent la crédibilité de l'action politique.

Celle-ci est également mise en cause par l'interventionnisme excessif du Chef de l'Etat. Cette surabondance d'action donne l'impression de la fébrilité plutôt que du volontarisme : trop de sillons tracés et pas assez de labourage.

Enfin, la désacralisation du pouvoir n'est pas encore acceptée par toutes les couches de la population. Une partie de celle-ci préfère les ors de Versailles aux confettis d'Eurodisney. La surexposition de la vie privée du président a créé une situation de vulnérabilité. Voici qu'à présent la presse s'autorise même à fouiller les SMS vrais ou prétendus du président.

Pour avoir entrouvert la porte de sa chambre à coucher, il se trouve dans une situation où des journalistes s'autorisent à se cacher sous son lit.

Tous ces facteurs ne doivent pas être exagérés car ils seraient considérés comme négligeables si la situation économique était bonne. Or, elle ne l'est pas.

La crise du système bancaire est évidente, la désindustrialisation se poursuit, les caisses de l'Etat sont vides.

Il est difficile dans ces conditions de déverser du pouvoir d'achat. De même que le pouvoir de Valéry Giscard d'Estaing avait commencé à vaciller après le premier choc pétrolier, de même Nicolas Sarkozy est affaibli par le climat économique morose.

Les crises économiques nuisent toujours au parti au pouvoir et la situation française n'échappe pas à la règle.

LE SUCCES EUROPEEN DE NICOLAS SARKOZY

11 février 2008

Alors qu'il traverse une zone de fortes turbulences, Nicolas Sarkozy a souhaité, dans une adresse télévisée, se féliciter du succès obtenu avec la ratification par le Parlement français du mini-traité européen de Lisbonne. Le président français a eu l'initiative de la méthode qui a permis de sortir de la crise née du rejet de la Constitution européenne. Moins de dogmatisme et plus d'efficacité : telle a été la ligne de conduite qu'il a inspirée avec succès à nos partenaires européens. Les nouvelles dispositions vont à l'essentiel sans accélération dangereuse.

Le second succès présidentiel concerne le vote du Parlement français. Il fallait, avant de faire adopter le texte par les assemblées, modifier la Constitution. Cette procédure de révision exigeait le vote favorable des trois cinquièmes des suffrages exprimés. La division du parti socialiste a permis d'obtenir cette majorité. Seuls certains socialistes ont voté contre, les autres ayant pris le prétexte du non-recours au référendum pour ne pas participer à la procédure. Ainsi la Constitution a-t-elle pu être révisée. Dans la foulée, les deux assemblées ont ratifié le traité. Le président de la République a rappelé qu'en refusant le référendum il se situait dans la ligne qu'il avait définie durant la campagne présidentielle. : « Cela faisait partie du mandat que vous m'aviez confié en m'élisant président de la République ».

« L'Europe dispose maintenant du cadre qui lui est nécessaire pour se remettre en marche », a constaté Nicolas Sarkozy. Pour lui, « la France est de retour en Europe » et le président a présenté les enjeux de la présidence française de l'UE, au second semestre 2008 : développement durable, immigration, défense européenne et refonte de la politique agricole commune. La France souhaite sortir l'Europe de la bureaucratie et « remettre de la politique en Europe ». Ce ne sera pas chose facile. Il ne faut pas oublier, en effet, que si les gouvernants européens ont préféré ne pas avoir recours au référendum c'est parce que la machine de Bruxelles encourt le reproche justifiée d'être plus bureaucratique que visionnaire.

LA MEMOIRE DES ENFANTS JUIFS EXTERMINES PAR LE NAZISME

19 février 2008

Onze mille enfants juifs de France ont été exterminés pendant la Seconde Guerre mondiale par les nazis et leurs collaborateurs français. « Chaque année, à partir de la rentrée 2008, tous les enfants de CM2 se verront confier la mémoire d'un des 11 000 enfants français victimes de la Shoah », avait proposé le président Nicolas Sarkozy le 13 février lors du dîner annuel du Conseil représentatif des institutions juives de France (CRIF).

Cette suggestion avait justement déclenché une vive polémique.

Des enfants de neuf-dix ans peuvent-ils supporter le fardeau de telles ignominies ? Certes, il ne faut pas oublier. Le silence est pervers car il contribue à effacer de la mémoire collective la dégénérescence de l'âme humaine qui a conduit à ces crimes. Mais, faut-il pour autant charger la conscience d'enfants du martyre imposé à d'autres enfants par des adultes ?

A l'évidence, c'est un poids trop lourd. C'est pourquoi la proposition de Nicolas Sarkozy a été mise en œuvre avec intelligence et bon sens par le brillant ministre de l'Education nationale Xavier Darcos.

Le premier élément du système Darcos est le réajustement des programmes scolaires. Depuis 2002, «L'extermination des juifs et des Tziganes par les nazis : un crime contre l'humanité» figurait expressément au programme de CM1 et de CM2. Les programmes de 2007 ne mentionnaient plus que la « Seconde Guerre mondiale » et « les camps d'extermination ». C'est pourquoi, dès septembre 2007, Xavier Darcos a demandé que l'étude de la Shoah soit rétablie dans l'ossature des programmes et cette insertion sera encore renforcée.

La seconde inflexion darcosienne consiste à donner tous pouvoirs aux enseignants pour ajuster la mise en œuvre de la proposition Sarkozy aux réalités de la communauté éducative. Nicolas Sarkozy a donné « une direction », « il est dans son rôle », mais «c'est aux éducateurs de construire ce qui pourra se faire dans les classes » estime le ministre de l'Education nationale. C'est la sagesse car il faut éviter de provoquer un choc en retour en en faisant trop.

Dès lors, la formule de l'adoption par chaque élève d'un supplicié est adaptée. «Ce qui est critiqué, c'est la complexité de l'idée d'une adoption d'un enfant par un enfant, mais personne ne critique le principe qu'il faille connaître la Shoah », a souligné Xavier Darcos. « Nous allons faire un petit peu bouger la chose, en sorte que ce soit la classe plutôt qui adopte un enfant », a-t-il ajouté.

Ainsi, la proposition présidentielle est déminée et rendue acceptable. Une commission dont fera parie Simone Weil réfléchira aux voies et moyens pour permettre à l'école d'accomplir son devoir de mémoire dans le respect de toutes les sensibilités.

Il s'agira de bannir la barbarie sans porter atteinte à l'innocence.

LES RETENTIONS DE SURETE : SARKOZY VIOLE-T-IL LA CONSTITUTION?

24 février 2008

L'opinion publique a été légitimement émue par ces criminels dangereux qui, une fois leur peine purgée, s'en vont commettre de nouveaux crimes. Surfant sur cette demande sociale, Nicolas Sarkozy a imaginé la possibilité de retenir dans des structures adaptées ces délinquants dangereux à la fin de leur peine : les criminels condamnés à 15 ans de réclusion et plus pour "assassinat, meurtre, torture ou actes de barbarie, viol, enlèvement ou séquestration" pourront ainsi être enfermés à leur sortie de prison.

Cette rétention de sûreté a été vivement critiquée dans son principe même. Un des principes fondamentaux de notre droit est en effet que l'on juge les individus en fonction des actes qu'ils ont commis et non en fonction de la menace potentielle qu'ils pourraient représenter. C'est pourquoi l'opposition a saisi le Conseil constitutionnel.

Ce dernier a reconnu dans sa décision la validité d'une telle mesure mais en a restreint fortement le champ d'application. Il a estimé en effet que les personnes déjà condamnées et celles qui le seront pour des faits commis avant la publication de la loi ne seraient pas concernées par le texte, sauf dans certains cas précis -il s'agit des détenus libérés qui ne respecteraient pas des obligations comme le port d'un bracelet électronique et un traitement médical.

Le Conseil a également précisé qu'avant d'ordonner la rétention il faudra vérifier si les détenus ont bénéficié en prison de soins adaptés aux troubles de leur personnalité.

Ainsi, pour l'essentiel la loi ne sera pas applicable avant une quinzaine d'années et elle ne concernera qu'un nombre limité de cas.

Peu satisfait de cette décision, Nicolas Sarkozy a demandé au premier président de la Cour de cassation de lui faire des propositions pour rendre immédiatement applicable la rétention de sûreté aux criminels déjà condamnés.

Cette demande pose un grave problème juridique. En effet, l'article 62 de la Constitution précise que "les décisions du Conseil constitutionnel ne sont susceptibles d'aucun recours. Elles s'imposent aux pouvoirs publics et à toutes les autorités administratives et juridictionnelles".

La requête du président de la République pourrait être interprétée comme visant à contourner cette intangibilité des décisions de la juridiction constitutionnelle. C'est bien ainsi que les organisations de magistrats l'ont interprétée.

Le secrétaire général de l'USM, Laurent Bedouet, a déclaré : "Jamais un président n'a demandé au président de la Cour de cassation comment contourner une décision du Conseil constitutionnel."

Pour sa part, Emmanuelle Perreux, présidente du Syndicat de la magistrature, a ajouté :

"On a de l'émotion. Le président de la République est le gardien des institutions. Demander au président de la Cour de cassation les moyens pour contourner une décision du Conseil constitutionnel, c'est inquiétant pour notre démocratie".

La voie est étroite pour le premier président de la Cour de cassation.

C'est, en effet, que le problème a été mal posé dès le départ ; la rétention de sûreté n'est pas une peine mais une mesure de police administrative visant à prévenir de graves troubles à l'ordre public. C'est sur ce terrain qu'il faut se placer pour organiser le contrôle des mesures de sûreté ; elles ne sont légales que si elles sont strictement proportionnées aux circonstances et absolument nécessaires.

Si on veut sortir de l'impasse actuelle, c'est donc une nouvelle loi qui est indispensable pour encadrer juridiquement les mesures de sûreté.

NICOLAS SARKOZY NOUVEAU PREMIER MINISTRE ?

25 février 2008

Un étrange phénomène est en voie de bouleverser l'équilibre institutionnel de la Vème République : l'inversion des rôles du président de la République et du Premier ministre.

Traditionnellement, le chef de l'Etat incarne la stabilité et la continuité. Patron de l'exécutif, il fixe les grandes orientations mais celles-ci sont appliquées par le Premier ministre et le gouvernement. C'est donc le chef du gouvernement qui est en première ligne pour mettre en œuvre la politique et en assumer la responsabilité. Il est le bouclier du chef de l'Etat et un utile fusible que l'on peut démettre lorsque apparaît la nécessité d'une nouvelle donne politique.

Nicolas Sarkozy a souhaité présidentialiser au maximum le régime. Il s'est investi directement dans l'action gouvernementale allant jusqu'à discuter directement sur le terrain avec des contestataires. Il est donc apparu aux yeux de l'opinion comme un nouveau Premier ministre de fait éclipsant le vrai chef du gouvernement.

De même, ses conseillers se sont pris pour des ministres définissant la politique et s'exprimant sur les orientations. Etant pour la plupart inexpérimentés en politique, ils n'ont pas manqué de s'exposer inutilement, de se contredire, de déstabiliser les ministres.

Un Matignon-bis s'est établi à l'Elysée qui ne donne pas à l'opinion les signes de la stabilité et de la cohérence.

Dès lors, le pôle de référence s'établit au niveau du Premier ministre et du gouvernement et les rôles sont inversés. Le président de la République surexposé protège le Premier ministre.

C'est ce qui explique que, dans les sondages, la cote du président s'effrite là ou celle du Premier ministre progresse.

A l'évidence, cette situation n'est pas viable sur le long terme.

Un équilibre institutionnel plus conforme à la Constitution doit être rétabli avec urgence.

LA MAUVAISE REFORME DU QUINQUENNAT

2 mars 2008

Je n'ai jamais cru à l'argumentation du courant intellectuel qui a convaincu Jacques Chirac d'abandonner le septennat pour le quinquennat.

Le quinquennat, c'est-à-dire la fixation à cinq ans de la durée du mandat présidentiel, a été introduit dans la constitution par la loi constitutionnelle du 2 octobre 2000. Il a été adopté par voie référendaire. Le président de la République a décidé de soumettre cette révision constitutionnelle au référendum en application des dispositions de l'article 89 de la constitution. Elle a été adoptée le 24 septembre 2000 par 7 407 697 « oui », contre 2 710 651 « non », pour 39 941 192 électeurs inscrits et 12 058 688 votants. Ce référendum a été marqué par une abstention atteignant 69,3 %, démontrant le faible intérêt des citoyens pour ce changement.

L'argumentation des partisans du quinquennat reposait pour l'essentiel sur une volonté de démocratiser davantage le fonctionnement des institutions.

Ils estimaient que le septennat était trop long au regard des exigences des démocraties modernes. Si le général de Gaulle a choisi une durée de sept ans pour le mandat présidentiel, c'est en l'accompagnant de recours fréquents au peuple par voie de référendum pour s'assurer de son adhésion. Les partisans du quinquennat estimaient aussi qu'un renouvellement plus fréquent du mandat présidentiel permettrait d'aérer le système. Ils imaginaient enfin qu'aligner la durée du mandat présidentiel sur celle du mandat des députés diminuerait les risques de cohabitation.

Pourtant le Comité Vedel avait pointé les risques de l'abandon du septennat.

Le quinquennat aboutirait à faire du président le véritable chef de la majorité parlementaire et susciterait l'effacement du Premier ministre.

La fonction arbitrale du Chef de l'État serait affectée. La durée de sept ans conforte la crédibilité du président sur la scène internationale. La tenue des élections législatives dans les cinq années suivant l'élection présidentielle permet aux citoyens d'exprimer ou non leur adhésion à l'action du Chef de l'Etat.

Avec la présidence Sarkozy, on mesure la difficulté qu'ont les Français à comprendre la mutation institutionnelle du quinquennat.

Ils étaient habitués à une présidence de majesté et ils retrouvent une présidence mêlée à l'action quotidienne.

Ils s'étaient accoutumés à une présidence protégée par le Premier ministre et ils découvrent une présidence surexposée.

Le quinquennat a changé le régime politique de la Vème République, en mal à notre avis.

FANTAISIE SUR UNE POULE OFFERTE AU PREMIER MINISTRE

2 mars 2008

La vie politique française est devenue trop sérieuse et elle recèle trop d'agressivité. Aussi, il est bon que l'humour vienne tempérer la tendance de nos hommes politiques au catastrophisme. Il faut donc se féliciter de l'initiative des producteurs de volailles qui ont offert au Premier ministre François Fillon lors de sa visite au Salon de l'Agriculture une poule rousse prénommée Carla.

On pourrait trouver l'allusion trop irrévérencieuse à l'égard de la première dame si l'on ne se souvenait qu'en ces temps de restriction du pouvoir d'achat les aviculteurs ont voulu simplement signifier qu'ils souhaitaient que chaque Français – à l'image du président Sarkozy – puisse avoir une poule au pot.

N'est-il pas bon aussi que, plutôt que d'échanger des noms d'oiseaux, les parlementaires se considèrent tous comme des poussins de la République et évitent les prises de bec ?

On suppose également que nos politiques préféreront la basse-cour à la Haute Cour : il y a beaucoup plus de grain à moudre.

En ces temps de recherche de l'identité nationale, on est convaincu qu'ils n'oublieront pas de se comporter comme de bons coqs gaulois pour la grande satisfaction de toutes les poules.

Et puisque nous avons deux très brillants personnages au sommet de l'Etat – deux vraies têtes d'œuf, deux pontes –, demandons-leur, toutes affaires cessantes, de travailler en pool.

DES MUNICIPALES DANS LA CONFUSION POLITIQUE

5 mars 2008

La campagne pour les élections municipales s'achève dans une grande confusion politique.

Cette situation s'explique en partie par le fait que les enjeux locaux l'emportent souvent sur les considérations nationales. C'est bien normal dans un scrutin destiné à choisir des gestionnaires compétents et proches des gens. Mais les résultats du vote seront largement tributaires de considérations nationales et celles-ci influenceront les résultats globaux. Et c'est là que règne un grand désordre.

La droite est érodée par deux facteurs. L'érosion de l'image du président de la République plombe quelque peu les listes de l'UMP. Mais c'est surtout la situation économique morose qui peut donner aux électeurs l'idée de donner une leçon à la majorité sans trop de frais.

Le parti socialiste devrait être le principal bénéficiaire de cette érosion. Mais ses progrès éventuels ne peuvent dissimuler le désordre qui s'est installé dans le grand parti de gauche. La lutte des courants s'accentue tandis que se profile un choc frontal entre Ségolène Royal et Bertrand Delanoë. Les alliances classiques avec ce qui reste de la gauche non socialiste sont souvent remplacées par des conjonctions moins orthodoxes.

Le MoDem est parfois le bénéficiaire de cette évolution mais il pratique des alliances conjoncturelles en ordre dispersé.

A l'évidence, la société française est à la veille de grandes recompositions politiques. C'est pour l'heure le temps de la confusion.

LE NOUVEL ELAN DE SARKOZY

7 mars 2008

Après une période de flottement, Nicolas Sarkozy a cherché, dans une interview au *Figaro*, à retrouver l'élan du succès. La parole était attendue à la veille d'élections municipales qui s'avèrent difficiles pour l'UMP. La première ligne de force de ce texte est l'humilité. Le président reconnaît que des erreurs ont été commises. « Qui serais-je si je ne reconnaissais pas mes erreurs ? On en commet ; j'en ai commis. Je ne m'exonère de rien, mais je ne crois pas utile de commenter en permanence l'écume des choses ! » Il admet avoir cédé à une certaine fébrilité. « On porte toujours sa propre part de responsabilité. J'aime l'engagement ; j'aime prendre mes responsabilités ; je suis quelqu'un qui ne triche pas ; alors cela peut surprendre, voire déranger parfois. Pour autant, le rôle du Chef de l'État, c'est de garder une certaine distance par rapport au quotidien. Il n'a pas le droit de céder à l'agitation. » Il reconnaît également qu'un certain désordre s'est installé dans son équipe.

Le second trait dominant du texte du président est la recherche de la stabilité et de la continuité. Le microcosme était agité de rumeurs de changement de Premier ministre, de remaniement. Nicolas Sarkozy calme le jeu. Il choisit sur ces deux questions le cap de la confiance renouvelée à son équipe qui avait été déstabilisée par les rumeurs. « Je voudrais mettre un terme à cette maladie française qui consiste à changer de ministres tous les six mois. Cela donne le tournis et une grande impression de légèreté. » »

Sur le plan politique, le Chef de l'Etat réaffirme sa confiance à ses partisans de l'UMP et les incite au dynamisme. Mais il confirme son option pour l'ouverture. « Le devoir d'un président de la République est de rassembler, de refuser toute forme de sectarisme. La France a grand besoin de tolérance. J'ai souhaité associer tous les talents à notre action au service de la France. Nous avons clairement gagné les élections présidentielle et législatives. J'ai cependant voulu travailler aussi avec ceux qui n'avaient pas voté pour moi. Je ne le regrette pas. Je dois rassembler. » Et comme les interviewers lui demandent s'il ne songe pas aussi à pratiquer l'ouverture à droite, il réplique vivement : « Quand nous nous réconcilions avec les Américains, n'est-ce pas un changement bienvenu et peut-on penser une minute que le contrat qu'a gagné magnifiquement EADS pour les avions ravitailleurs aurait été signé dans le climat de tension qu'on a connu entre les Américains et les Français ? Quand la France porte l'idée du traité simplifié et contribue à sortir l'Europe de la crise, n'est-ce pas une politique qui satisfait les plus européens et donc le centre ? »

Mais l'essentiel du propos du président de la République porte sur le maintien du cap de la réforme. Nicolas Sarkozy réaffirme l'inspiration réformiste qui a séduit les Français lors de la campagne électorale. Il confirme notamment sa volonté de mener à son terme la réforme des institutions notamment pour accroître le pouvoir du Parlement.

Le Sarkozy nouveau est arrivé. L'avenir dira si ce cru de bonne facture réussira à faire oublier les errements des premiers mois du quinquennat.

MUNICIPALES : LA GAUCHE PAR DEFAUT

10 mars 2008

A la veille de ces élections municipales, le pire avait été prédit pour la droite. Les résultats de ce premier tour de scrutin démontrent que la déroute annoncée n'est pas au rendez-vous.

La droite obtient environ 45% des suffrages contre 47% pour les listes de gauche et des Verts. Les membres du gouvernement en lice s'en sortent plutôt bien. Sur 23 ministres candidats quatre seulement seront confrontés à un second tour difficile. Christine Lagarde et Christine Albanel sont distancées à Paris ; Xavier Darcos, maire sortant de Périgueux, devra se battre face au PS Michel Moyrand et Rama Yade est dans une situation difficile à Colombes.

Mais il reste que la gauche progresse. A Paris, Bertrand Delanoe augmente son score de près de dix points. Le candidat socialiste Guerini est en situation d'inquiéter Jean-Claude Gaudin à Marseille.

Rouen, Laval, Alençon, Bourg-en-Bresse, Annonay et Rodez ont viré à gauche. Le PS conserve dès le 1er tour ses bastions de Dijon, Le Mans, Poitiers, Cherbourg, La Rochelle, Tourcoing, Auxerre. Il est aussi très bien placé à Lille, Caen, Strasbourg, Rennes, Brest, Hénin-Beaumont, Quimper, Narbonne, Blois et Mende. Toulouse pourrait virer à gauche.

Le parti communiste garde ses villes phares comme Martigues et alors que sa déroute était annoncée, il conquiert de nouvelles cités comme Dieppe et Vierzon.

L'interprétation de ces succès fait naturellement l'objet de controverses.

Rappelons qu'il est de tradition que les élections locales infléchissent les résultats des élections nationales comme si les électeurs ne voulaient pas mettre tous leurs oeufs dans le même panier.

La situation économique plutôt morose explique également cet avertissement adressé par les électeurs au pouvoir.

Il s'agit d'un vote à gauche par défaut plus que d'un vote d'adhésion.

Chacun sait en effet que le PS est en crise et qu'il doit tout à la fois chercher ses nouveaux leaders et moderniser sa doctrine.

Le succès relatif du MoDem démontre que les électeurs sont à la recherche d'une troisième voie. Avec près de 4% des voix, le mouvement de François Bayrou est en situation d'imposer des triangulaires ou d'être le maître du second tour dans un certain nombre de grandes villes.

Ce premier tour des élections municipales est comme une fusée de détresse adressée par les électeurs à Nicolas Sarkozy.

Il reste à savoir si le second tour démontrera qu'il s'agissait d'un avertissement sans frais ou si, au contraire, les électeurs de dimanche prochain souhaiteront sanctionner le pouvoir.

LES MUNICIPALES ENTRE LOCAL ET NATIONAL

11 mars 2008

Les élections municipales illustrent à merveille l'interpénétration du local et du national.

A priori, les municipales sont des élections strictement locales : près de 67% des électeurs en sont convaincus. Les citoyens recherchent des édiles proches d'eux honnêtes et compétents, capables d'améliorer leur cadre de vie quotidien. Cette prédominance de la localisation est cependant nuancée par la politisation de l'élection : la plupart des candidats se rattachent à des partis politiques nationaux et cette affiliation nationalise nécessairement le scrutin. Plus la commune est peuplée et plus le national prend l'ascendant sur le local. Et puis, si une élection est locale, l'addition des résultats de 37000 communes est forcément nationale et se prête à une interprétation de globalisation politique.

Il existe certes des freins à cette empreinte nationale. L'enracinement local exigé des élus est une condition de leur stabilité. Les citoyens manifestent des espérances contradictoires. D'un côté, ils sont fiers de voir des personnalités nationales revendiquer leurs suffrages ou leur élu honoré d'un maroquin ministériel. Mais, par ailleurs, ils désavouent facilement celui qui est plus souvent à Paris qu'à Romorantin. Une tendance lourde se fait jour dans les grandes villes consistant à exiger des maires à plein temps plutôt que des édiles du week-end.

Le cas Juppé illustre l'ambiguïté du sentiment des électeurs. A l'évidence, sa décision de se consacrer exclusivement à Bordeaux a pesé lourd dans sa remarquable élection au premier tour. Mais on peut également penser que les électeurs n'ont pas été peu fiers de retenir prisonnière à Bordeaux une personnalité d'envergure nationale.

On verra sans doute dans l'avenir des carrières politiques en alternance avec des périodes exclusivement locales et des temps consacrés à la nation. Les règles relatives à l'incompatibilité seront plus rigides et le statut des grandes villes interdira tout cumul d'une fonction nationale et d'un mandat local.

Ces affrontements du local et du national dans les élections municipales sont le résultat de vœux contradictoires des citoyens.

Les Français attachés à l'égalité n'acceptent pas les différences. Ils souhaitent un maillage identique de tout le territoire national. Les services publics doivent fournir des prestations équivalentes dans toute la France. Pour les personnels de la fonction publique, il ne peut exister qu'un statut national. Les écoles et les Universités doivent délivrer le même diplôme sur l'ensemble du territoire.

Mais les électeurs souhaitent dans le même temps que la spécificité locale soit reconnue et accentuée. En d'autres termes, ils veulent l'égalité plus la différence, l'unité sans l'uniformité. C'est un équilibre difficile à tenir. Les élections municipales en sont la traduction concrète.

MODEM MOD'EMPLOI

12 mars 2008

François Bayrou a tenté de régénérer le centrisme en créant le MoDem. Avec un talent incontestable, une volonté de fer, il s'efforce d'échapper à la bipolarisation. Mais il retrouve un problème classique. Trop faible pour emporter des résultats décisifs, il a un pouvoir de nuisance incontestable mais un poids électoral léger qui lui impose de rechercher des alliances. Celles-ci l'entraînent ainsi nécessairement dans l'un des grands blocs.

Et c'est là que l'intérêt personnel de François Bayrou et celui du MoDem se dissocient.

Le MoDem a besoin pour progresser d'une stratégie claire. Le rôle d'un parti, c'est d'avoir des élus qui pratiquent une politique commune. L'intérêt de François Bayrou est de continuer son combat contre les deux grands blocs en espérant que l'opinion publique le rejoindra.

Il y a donc un conflit entre l'ambition présidentielle de François Bayrou et l'aspiration des membres de son parti. Ceux-ci ont intérêt à se liguer avec un des grands blocs. François Bayrou, en revanche, perdrait toute crédibilité et même sa raison d'être en s'alignant sur un des grands partis.

C'est ce qui explique que le leader du MoDem n'ait pas choisi de stratégie d'alliance claire entre les deux tours des municipales. A Marseille, à Lille, à Asnières-sur-Seine, à Chartres, à Melun ou à Poissy, le MoDem a fait alliance à gauche avec le PS. En revanche, dans d'autres communes, il s'est allié avec la droite. C'est le cas notamment à Metz, Colombes ou Toulouse.

Dans d'autres villes, il se maintient purement et simplement. C'est le cas à Pau où François Bayrou est en situation difficile, à Saint-Étienne, Belfort, Aix-en-Provence ou à Paris où, malgré les appels du pied de Marielle de Sarnez, Bertrand Delanoë a refusé toute alliance avec le MoDem. Une seule alliance a été récusée par François Bayrou ; c'est celle avec le PC qu'a pratiquée à Aubagne la liste MoDem.

Les alliances en patchwork du MoDem démontrent malgré tout que la bipolarisation a encore de beaux jours devant elle.

MORT DOUCE LEGISLATIVE
OU RESPONSABILITE MEDICALE

17 mars 2008

Une femme atteinte d'une maladie incurable réclame par petits écrans interposés le droit à une mort assistée. Aussitôt rebondit le débat sur la possibilité juridique donnée aux malades en phase terminale de choisir leur mort.

Il s'agit d'un débat si controversé que l'on peut se demander s'il est tout à fait gratuit qu'il ait été soulevé dans cette dernière semaine de la campagne des municipales, comme si l'on avait voulu tendre un piège au Chef de l'Etat pour le mettre en difficulté avec son électorat mais Nicolas Sarkozy s'est bien gardé d'y tomber.

La société française n'est pas mûre pour traiter de front ce problème que d'autres pays européens ont su régler par des dispositions législatives.

Dans notre pays, la pratique est plus discrète. Elle repose désormais sur la responsabilité médicale. Lorsque les souffrances du malade sont trop vives et, dès lors qu'il n'y a plus d'espoir de guérison, le médecin, en accord avec la famille, peut décider de ne plus manifester d'acharnement médical à maintenir le malade en vie.

Il ne s'agit pas à proprement parler de donner la mort mais plutôt de ne pas retenir la vie. La situation est, dès lors, adaptée aux consciences et aux responsabilités de chacun.

On n'en doute pas. Cette solution est quelque peu hypocrite car elle s'abstient de regarder la réalité en face. Elle est imparfaite parce qu'elle peut placer le médecin dans une situation redoutable lorsque les volontés du malade, celles de la famille ou celles de membres de la parentèle ne sont pas convergentes. Elle expose le médecin à une lourde responsabilité pénale tant la frontière entre le laisser mourir et le donner la mort est ténue.

Pourtant, pour avoir eu la douleur d'accompagner vers le départ l'être le plus cher, j'ai pu apprécier la haute conscience de l'équipe médicale, ce qui m'incite à préférer, pour l'instant, le cas par cas médical à la rigidité d'un texte de loi.

MUNICIPALES ET CANTONALES, SECOND TOUR, LA GAUCHE CONFIRME

17 mars 2008

Au lendemain du premier tour des élections municipales, on pouvait se demander si le second tour allait confirmer ou infirmer la tendance favorable à la gauche. Au vu des résultats définitifs, le doute n'est plus possible. La gauche confirme son succès. Elle totalise 49% des suffrages exprimés contre 47,5% pour la droite Elle conquiert 36 villes de plus de 30 000 habitants, 9 villes de plus de 100.000 habitants. Elle est désormais majoritaire à Toulouse, Strasbourg, Rouen, Caen, Metz, Reims, Saint-Etienne, Amiens, Blois, et Saint-Denis de La Réunion.

Le succès de la gauche est également notable aux cantonales. Neuf départements basculent à gauche : l'Ain, l'Allier, la Corrèze, la Côte-d'Or, l'Indre-et-Loire, les Deux-Sèvres, le Lot-et-Garonne, la Somme et le Val-d'Oise. La gauche est désormais à la tête de 60 des 101 départements français.

A l'exception notable de Marseille conservée de justesse et de cinq villes gagnées sur la gauche (Mont-de-Marsan, Calais, Agen, Châtellerault Longwy, Saumur et Villefranche-sur-Saône, la droite connaît un reflux qui mérite interprétation.

A l'évidence, son électorat ne s'est pas mobilisé : le fort taux d'abstention démontre le mécontentement des électeurs de Nicolas Sarkozy.

Les avis divergent sur les causes de cette désaffection. Les uns l'attribuent aux réformes qui ont été effectuées. Les autres estiment, au contraire, que c'est la lenteur de la mise en œuvre des réformes promises par Nicolas Sarkozy qui est à l'origine de la débâcle. Les deux explications sont probablement convergentes.

L'annonce désordonnée de nombreuses réformes, comme celles contenues dans le rapport Attali, a inquiété différentes catégories sociales. Quant aux réformes engagées, le temps était trop court pour que les électeurs en ressentent les effets favorables.

La dégradation de la situation économique mondiale et l'inquiétude qu'elle génère ont également pesé lourd dans la balance.

Dans cette conjoncture morose, et alors que les comptes publics sont dégradés, il était difficile de satisfaire les revendications relatives au pouvoir d'achat.

Assez paradoxalement, cet insuccès peut être, pour la droite, une occasion de se régénérer. Au lendemain de l'élection présidentielle, la gauche est apparue comme un champ de ruines. L'UMP et ses chefs ont été pris d'une sorte d'ivresse. Tout leur est apparu possible.

Pourtant, l'UMP aurait dû tenir compte du relatif échec du second tour des élections législatives. Il démontrait que le parti présidentiel avait négligé le risque des dissidences centristes et la capacité de nuisance de François Bayrou. Il prouvait aussi que la gauche, malgré ses divisions, malgré les conflits d'hégémonie au PS, restait solidement ancrée dans l'électorat.

L'échec des municipales doit conduire la droite à une meilleure appréciation du terrain politique et l'UMP, plus particulièrement, à moins d'hégémonie.

Quant au président de la République, il devra tenir compte du message fort que les électeurs lui ont adressé. Ils souhaitent une présidence plus gaullienne et moins roturière, des réformes mieux expliquées et mieux mises en œuvre.

Une deuxième phase du quinquennat s'ouvre à présent, celle d'une présidence de responsabilité.

LE CALEÇON MIRACLE

19 mars 2008

Finis les régimes contraignants, les privations inutiles, désormais, vous pourrez vivre agréablement et manger sans grossir. Une firme japonaise vient, en effet, de lancer – quelques mois après avoir introduit un produit équivalent pour femmes – le caleçon amincissant pour hommes. Par une pression régulière qui se manifestera notamment lors de la marche, le caleçon serait supposé dissoudre les graisses et éviter les ventres rebondis. Grâce à ce caleçon miracle, les bedons disgracieux vont disparaître.

On peut cependant nourrir quelque inquiétude quant au résultat du port de ce sous-vêtement. Ce dernier sera-t-il suffisamment intelligent pour faire le partage entre les zones à maintenir en l'état et celles à amincir.

Je doute que les expertises nécessaires aient été conduites. Imaginons la catastrophe nationale qui se produirait si l'effet réducteur de ce caleçon miracle s'exerçait sans discernement et produisait des individus transgenres.

Je propose donc, au nom du principe de précaution, que l'on applique à ce caleçon la même mesure d'interdiction que celle prise à l'égard du maïs transgénique.

FANTAISIE SUR UNE MOUCHE IMMERGEE

20 mars 2008

Un ressortissant canadien a comparu cette semaine devant la Cour Suprême du Canada saisie du procès qu'il a formé contre une société productrice d'eau minérale. Cet homme dit avoir perdu tout appétit sexuel après avoir trouvé une mouche morte dans une bouteille d'eau scellée.

On comprend la difficulté de la tâche de son avocat pour établir un lien entre la mouche et la perte de libido.

Imaginons donc son argumentation.

« Monsieur le Président de la Cour,

Pour comprendre le choc psychologique de mon client à la vue de cette mouche morte, il faut connaître sa mentalité superstitieuse.

Une mouche morte c'est une mouche qui ne volera plus.

Comment la victime que je représente ici pourra-t-elle donc avoir encore des élans amoureux et prendre son envol ?

Comment mon client pourra-t-il encore regarder le visage de sa femme parsemé de grains de beauté. ? Toutes ces mouches qui lui apparaissaient comme des joyaux vont désormais lui rappeler la mouche immergée.

Et puis cette mouche n'a-t-elle pas été introduite par l'ancien amant de sa femme pour lui rappeler l'infidélité de son épouse ? A l'évidence, cette mouche était comme un mouchard qui a fait mouche... »

Peu convaincu par cette explication fumeuse, le président de la Cour a interrompu l'avocat

- « Mais, Maître, quel rapport y a-t-il entre les faits et l'impuissance de votre client ? »

Nullement démonté, l'avocat a répondu :
- « C'est bien le problème, il n'y a plus de rapports. Mon client a pris la mouche.»

L'ETAT DE GRACE, CET ENNEMI

27 mars 2008

Comme il est dangereux cet état de grâce qui suit une élection réussie. L'opposition est sonnée par le KO qu'elle vient de subir et est incapable de réagir ; le vainqueur est envahi par ses courtisans, émerveillé par les ralliements. Tout lui paraît possible. L'ivresse l'envahit. La drogue dure du pouvoir lui donne l'impression que tout le peuple est à ses pieds et qu'il n'y a plus de limites. Il en oublie que toute victoire est fragile et que l'opinion est volatile.

Rappelons-nous le Mitterrand de 1981. Avec son Premier ministre, Pierre Mauroy, il croit que la France est devenue socialiste. Il nationalise à tour de lois, accorde la cinquième semaine de congés payés, les 39 heures et la retraite à 60 ans, recrute un million et demi de fonctionnaires, établit l'impôt sur la fortune, rembourse l'IVG. Mais l'inflation se développe et la France dépasse le million et demi de chômeurs. Une grave crise monétaire couve. Une politique de rigueur devient nécessaire mise en œuvre par Jacques Delors. En juillet 1984, François Mitterrand remplace Pierre Mauroy par Laurent Fabius.

N'oublions pas le Jacques Chirac de 1995. Elu parce qu'il veut réduire la fracture sociale, il pratique avec son Premier ministre Alain Juppé une politique sociale dure. Le 15 novembre, le « plan Juppé » sur les retraites et la Sécurité sociale prévoit un allongement de la durée de cotisation de 37,5 à 40 annuités pour les salariés de la fonction publique, le plafonnement de la progression des dépenses maladie, le blocage et l'imposition des allocations familiales versées aux familles avec enfants les plus démunies et l'augmentation des cotisations maladie pour les retraités et les chômeurs. Des millions de personnes sortent dans la rue pour exiger le retrait des propositions gouvernementales. Le gouvernement est contraint de faire marche arrière. Il retire notamment sa réforme sur les retraites, la fonction publique et les régimes spéciaux. Un « sommet social » se tient à Matignon pour esquisser les lignes de force d'un compromis.

Il ne faut donc pas s'étonner de la réaction de l'opinion aux réformes des premiers mois de l'équipe Sarkozy-Fillon. L'état de grâce est trompeur. Toute la France n'est pas devenue sarkozyste avec l'élection du président de l'UMP.

La nouvelle étape du quinquennat, avec une opposition revigorée, doit permettre au Chef de l'Etat de prendre la juste mesure de ce qui est possible et de ce qui doit être différé dans la France telle qu'elle est.

SARKOZY, QUEL CHANGEMENT DE STYLE ?

28 mars 2008

Dans un entretien accordé à la BBC, Nicolas Sarkozy, en visite à Londres, assure qu'il a tenu compte des critiques qui lui ont été adressées sur son style.

« Moi, je ne suis pas le genre d'homme à écouter les compliments et à mépriser les critiques. Je tiens compte des deux », a-t-il affirmé. Encore faut-il s'entendre sur le contenu des reproches de style faits au président français.

Certains portent sur le comportement jugé peu présidentiel du Chef de l'Etat, sa trop grande familiarité voire sa verdeur, le caractère ostentatoire de sa vie privée. On cite pêle-mêle les quelques incartades qui lui ont été reprochées :sa croisière sur un yacht à Malte peu après son élection, sa sortie avec sa nouvelle conquête à Eurodisney, ses vacances en Egypte avec Carla Bruni, sa sortie triviale au Salon de l'agriculture.

Les Français attendent du président plus de hauteur et Nicolas Sarkozy, sauf rechute, a entendu leur message. Une majorité de Français (58%) estime que Nicolas Sarkozy a changé plutôt en bien depuis quelques semaines sa manière d'exercer la fonction de président de la République, selon un sondage OpinionWay pour *Le Figaro* et LCI.

Mais, à notre avis, la critique la plus forte adressée au Président est ailleurs.

Les Français lui reprochent de ne pas se comporter comme le serviteur des institutions de la V ème République mais comme le chef d'une nouvelle République imprécise.

Dans sa volonté de présidentialiser le régime, Nicolas Sarkozy a porté atteinte à un équilibre institutionnel auquel les citoyens sont attachés. En d'autres termes, ils reprochent à Nicolas Sarkozy d'avoir mis en lumière ses conseillers plus que ses ministres, d'avoir rogné les prérogatives du Premier ministre, d'avoir placé la présidence dans les miasmes du quotidien plus que sur les hauteurs de l'Olympe. Les Français souhaitent que le président exerce la fonction traditionnelle du Chef de l'Etat de la Vème République et non celle, non encore définie, de président d'un futur système présidentiel.

C'est ce changement de style qui reste encore à venir.

LES DEUX ARMEES MEXICAINES DE LA MAJORITE ET DE L'OPPOSITION

31 mars 2008

Le parti socialiste n'a pas plus tôt digéré son succès aux élections locales que déjà les courants, contre-courants et courants d'air menacent de faire voler le mouvement en éclats. L'ancien secrétaire d'Etat chargé de l'Outre-Mer Christian Estrosi, qui vient d'être élu maire de Nice, voit, quant à lui, dans l'UMP "une armée mexicaine, sans véritable chef». Les raisons de ces deux situations sont pourtant très différentes.

Le parti socialiste, depuis qu'il a perdu l'élection présidentielle, est lancé dans une double recherche. Il doit tenter, à l'évidence de renouveler doctrine et programmes frappés de désuétude. Dans cette recherche, il lui faut concilier deux tendances : une favorable au maintien de la marxisation et de l'alliance à gauche et une autre ouverte aux sirènes centristes. Cette hésitation se double d'une lutte pour le leadership. L'échec de Ségolène Royal laisse le débat ouvert. Faut-il laisser la présidente de Poitou-Charente en *pole position* ? Elle le pense mais tous ne sont pas de cet avis à commencer par son ancien compagnon, François Hollande, qui se verrait bien dans l'habit présidentiel tandis que Bertrand Delanoë, fort de son succès parisien, laisse pour l'instant les sondages favorables parler pour lui.

La situation de l'UMP est plus complexe. Un parti qui détient la présidence de la République est dans une situation ambiguë. Son chef naturel est à l'Elysée. Il ne peut donc avoir à sa tête un leader puissant qui pourrait concurrencer le Chef de l'Etat. Mais, d'un autre côté, il a besoin d'une existence autonome. Pour permettre cette conciliation,

Nicolas Sarkozy a fait en sorte de diluer le pouvoir à l'intérieur de l'UMP mais dès lors, comme le souligne Christian Estrosi, il existe un grand désordre au sein du parti majoritaire.

En d'autres termes, le PS est une armée mexicaine qui se cherche un chef. L'UMP, quant à elle, est une armée mexicaine parce que son chef est à l'Elysée et qu'elle est, de ce fait, quelque peu orpheline.

LE RETOUR DU VOLONTARISME PRESIDENTIEL

5 avril 2008

Il y a quelque chose de comique dans les interventions télévisées de François Hollande. Il paraît pressé d'annoncer un plan de rigueur gouvernemental à la place de François Fillon. Ses contradicteurs de l'UMP ne paraissent pas mieux inspirés.

La réalité est pourtant toute simple. L'Etat français vit au-dessus de ses moyens ; il doit assainir ses finances et réduire ses déficits. La conjoncture internationale morose ne l'y aide guère.

La responsabilité de cette situation est collective.

La gauche, en arrivant au pouvoir en 1981, a alourdi les structures de l'Etat notamment en recrutant un million et demi de fonctionnaires.

La droite a continué à creuser les déficits en multipliant les allocations multiples.

Le résultat est consternant. La France a la structure bureaucratique la plus lourde de tous les Etats libéraux.

Retrouvant son inspiration réformatrice, Nicolas Sarkozy vient de présenter 166 mesures pour réformer l'Etat et économiser 7 milliards d'euros.

Le plan d'économie étalé sur trois ans portera pour moitié sur le non-remplacement d'un fonctionnaire de l'Etat sur deux partant à la retraite. 105 000 emplois seront ainsi supprimés.

La seconde moitié des économies devrait résulter de la révision à la baisse des grandes politiques d'intervention économiques et sociales – allant de la formation professionnelle à l'emploi en passant par le logement.

Nicolas Sarkozy récuse tout plan de rigueur pour 2009. «La rigueur, c'est un coup de rabot sur les dépenses qui touche tout le monde de la même façon. Nous, nous faisons la réforme.» a dit le président.

Il ne s'agit pas seulement de dégraisser l'Etat mais de le moderniser et Nicolas Sarkozy a donné en exemple la réforme réussie du ministère des Finances. Il s'est rendu à Bercy pour installer la nouvelle direction générale des finances publiques et saluer le succès de la fusion des anciennes directions générales des impôts et de la comptabilité publique.

Bien entendu, cette politique de réforme va provoquer de nombreuses oppositions.

Chaque secteur concerné va proposer d'être épargné par la réforme. Il faudra choisir des priorités et s'y tenir en expliquant avec une grande pédagogie les raisons des choix.

Il conviendra aussi, dans chaque cas, de se rappeler que le but de la réforme doit être d'améliorer la vie des citoyens et d'alléger le poids de la bureaucratie. Est-il par exemple admissible dans un Etat de droit que plus de quinze années s'écoulent entre le moment où un particulier subit un contrôle fiscal et celui où la juridiction administrative se prononce sur son dossier ?

Il faut débureaucratiser la société française. L'opinion publique ne soutiendra la réforme que si elle perçoit que l'action de modernisation de l'Etat lui rend la vie plus facile.

LE PET DU KANGOUROU SAUVERA-T-IL LE MONDE ?

8 avril 2005

Dans un de ces articles savants dont il s'est fait une spécialité, Le Monde rapporte l'étonnante découverte d'un chercheur australien qui peut à terme réduire le réchauffement de la planète.

Le constat est simple. Les flatulences et éructations de nos troupeaux sont un fléau pour la Terre. A l'échelle mondiale, chaque année, les troupeaux déversent dans l'atmosphère, par leurs flatulences et éructations, une centaine de millions de tonnes de méthane : un gaz à effet de serre dont l'impact sur le réchauffement planétaire est plus de trente fois supérieur à celui du dioxyde de carbone.

Or, un chercheur australien a découvert que le kangourou, lui, ne dégage pas de méthane grâce à une particularité de sa flore intestinale. Elle comporte en lieu et place des bactéries méthanogènes des bactéries acétogènes, productrices d'acétate, ce qui assure également à cet herbivore une digestion plus sereine et énergétiquement plus rentable.

L'idée du chercheur est donc toute simple. Il faut transférer dans la panse des vaches et des moutons ces bactéries et le problème sera réglé.

Je ne suis pas certain que cette idée ne mène pas aux mêmes errements que la transformation de l'alimentation des bovins qui conduisit naguère à la maladie de la vache folle.

Ne risque-t- on pas aussi d'engendrer d'autres modifications de comportements desdits bovins ?

Qui peut nous assurer que la saccade des sauts du kangourou n'est pas en rapport avec la composition de ces gaz et comment pourra-t-on désormais garder les troupeaux s'ils se mettent, à leur tour, à bondir ? Laissons donc les vaches ruminer en pet.

Le jour même où *Le Monde* exposait le changement révolutionnaire envisagé de la flatulence des bovins, sa direction annonçait un important plan de licenciement de ses journalistes.

Il y a décidément de l'eau dans le gaz.

LES JEUNES DANS LA RUE

11 avril 2005

Je n'aime pas beaucoup voir les jeunes défiler dans la rue. Je sais que, derrière chaque jeune qui manifeste, il y a souvent un adulte qui tire les ficelles. Je sais aussi que les établissements scolaires ont besoin de sérénité et de calme, qu'ils doivent être des cadres de tolérance et non des lieux d'exclusion, des espaces de formation et non des chambres d'endoctrinement. Je sais aussi que c'est une faiblesse des adultes de penser que les jeunes ont toujours raison et que le laisser-faire doit remplacer la nécessaire autorité.

Je n'ignore pas moins que l'explication doit toujours être préférée à la force, que, si des mauvais esprits manipulent les jeunes, c'est aussi parce que les bons esprits ne se manifestent pas assez ou que certains, dans le trouble actuel de la majorité, veulent se payer le bon soldat Darcos. En d'autres termes, je me demande si la majorité politique a bien compris que le débat présent dans les écoles est une conséquence de sa défaite aux municipales et que l'opposition cherche, tout simplement, à pousser son avantage.

Alors, précisons bien les éléments du débat. Deux questions sont agitées.

La première porte sur la suppression de postes dans les lycées. Celle-ci se situe dans un cadre général de réduction des dépenses publiques. Elle repose sur une évolution de la démographie : il y aura 40 000 élèves de moins en 2008-2009 et donc les 11 200 suppressions de postes dont 8 800 dans le secondaire ne modifient pas "le taux d'encadrement".

Xavier Darcos explique à juste titre qu'à la rentrée 2007 les collèges et lycées comptaient 5 371 368 élèves. Sur un effectif de 1 065 327 agents rémunérés par le ministère de l'Education nationale, 511 485 professeurs exerçaient dans le second degré Le ratio est donc de 10,5. Il faut, bien sûr, tenir compte des malades, des classes dédoublées, des différences selon les cycles. Mais, en mettant les choses au pire, on se situe selon les classes autour d'une moyenne de trente élèves. Est-ce vraiment si déraisonnable ? A ce stade deux éléments s'imposent.

Les syndicats contestataires ont tort de réduire le débat scolaire à une querelle de moyens. C'est la passion d'enseigner qui assure la promotion des jeunes et non les querelles de chiffres. Pour sauver l'école, il faut redonner cette foi aux enseignants et non s'enfermer dans le misérabilisme des chiffres. Cinq élèves en classe de plus ou de moins ne transformeront jamais le désert en oasis ou la médiocrité en excellence.

Les finances ont, de leur côté, tort de réduire le débat à une évolution démographique. L'école a besoin de considération et d'estime. Puisque Nicolas Sarkozy a expliqué que le « serrage de ceinture » serait différencié, pourquoi ne pas avoir appliqué à l'avance un traitement de faveur à l'école en expliquant que sa modernisation supposait un traitement d'exception ?

Un second débat – éclipsé à l'heure actuelle par la contestation lycéenne – porte sur la réforme des programmes du primaire. Xavier Darcos a raison de remettre l'accent sur les fonctions essentielles de l'école : lire, écrire, compter. Il suggère, après une large concertation, des réformes dans les programmes. C'est aussitôt une levée de boucliers syndicale.

Les plus avancées des organisations sont d'accord pour changer la société mais leur aspiration révolutionnaire s'arrête à la limite de leurs disciplines. Il faut pourtant sortir le débat sur l'école du corporatisme. C'est la Nation dans son ensemble qui doit participer à la construction d'un enseignement moderne et adapté aux besoins du monde présent.

Ouvrons donc avec ferveur ce débat et sortons l'école des lamentations rétrogrades.

CONTRE LE BRUIT ANTI-JEUNES

12 avril 2008

LA NOUVELLE MINORITE DE L'OUIE

Toutes les oreilles n'ont pas, c'est bien connu, la même sensibilité. Certaines se délectent de la neuvième symphonie. D'autres sont bercées par le *hard rock*. Il est des pavillons sensibles et des durs d'oreille. Certains ultrasons ne peuvent être entendus que par les jeunes. C'est en s'appuyant sur cette sensibilité que les concepteurs du Mosquito ont conçu leur répulsif anti-jeunes. Cet émetteur d'ultrasons ultra-puissant crée une telle gêne pour les adolescents capables de les percevoir qu'ils sont obligés de déguerpir. Finis alors les rassemblements au bas des immeubles ou devant des cafés. La société devient régulée par le son.

Cet appareil a été conçu à l'origine par un ingénieur pour écarter les voyous de sa fille. Plus de 300 Mosquito sont installés dans une soixantaine de municipalités des Pays-Bas. La ville de Rotterdam par exemple avance que leur utilisation aurait fait baisser la délinquance. La France s'interroge sur leur introduction.

Dans notre société en voie de parcellisation où chaque minorité s'enorgueillit de ses particularités, voici une nouvelle catégorisation par l'ouïe. Il convient donc de mesurer les différences d'audition de chacun et de classer les citoyens en fonction de leurs capacités auditives. Imaginons un club londonien qui voudra écarter les femmes de ses fauteuils : il lui suffira d'émettre le son qui chasse les membres du sexe féminin et il n'y aura plus de nécessité de contrôles. Pour les films interdits aux moins de dix-huit ans, plus besoin de carte d'identité : à l'entrée de la salle de spectacles le Mosquito fera le tri.

Les citoyens seront toujours égaux en droit mais différenciés par l'audition.

Je trouve cependant que baser la différenciation sur un principe de répulsion est bien triste. Je préfère une société où le son rassemble plutôt qu'il divise.

Depuis que l'humanité existe, elle a assemblé les sons pour charmer les oreilles. Elle a construit les harmonies, différencié les instruments, perfectionné les solfèges.

Le Mosquito construit des ghettos. La musique rassemble. Elle humanise. Elle rapproche.

Remplissons les salles de concerts au lieu de faire la chasse aux jeunes.

LES SUPPRESSIONS DE POSTERIEURS DANS L'ECOLE

16 avril 2008

En ces temps de grève dans les lycées pour cause de suppression de postes ou d'insuffisance de crédits, sept mères de famille espagnoles avaient cru trouver un moyen pour récolter des fonds pour la petite école rurale de leurs enfants. Elles avaient posé nues pour un calendrier gentiment érotique.

Dévoilant de mois en mois une partie de leur anatomie, elles se retrouvaient dans la page de décembre revêtues de simples guirlandes sans boules.

Mais n'est pas Pamela Anderson qui veut. Est-ce le défaut de leurs plastiques ou leurs faibles talents publicitaires, elles se retrouvent aujourd'hui avec un stock de 5000 invendus et près de 10.000 euros de dettes.

On ne peut qu'être apitoyé devant l'échec de leurs efforts.

Elles espéraient être portées aux nues et elles se retrouvent à découvert.

Leur calendrier devait faire date et il a fait des dettes. Le pilon l'attend.

On pense que les syndicats de l'enseignement espagnols vont porter plainte pour suppression de postérieurs.

DIMINUER LE POIDS DE L'ETAT

18 avril 2008

La France subit les conséquences de cinquante ans de socialisme rampant. Elle a un des Etats les plus lourds de la planète et sans doute un des moins efficaces. Le récent débat sur le nombre des enseignants n'est qu'une facette d'un problème plus large. Le constat a été fait maintes fois. Mais il mérite d'être rappelé. Les fonctions publiques d'Etat, territoriale et hospitalière, emploient plus de 5 millions de personnes, soit un salarié sur cinq.

Le brillant pourfendeur des gabegies publiques, Jacques Marseille, le rappelle : les onze pays développés qui ont le plus diminué leur taux de chômage sont ceux qui ont le plus baissé leurs dépenses publiques en faisant travailler moins de fonctionnaires mais plus efficacement. « Malgré le nombre de fonctionnaires travaillant à Bercy, sur les 12 milliards d'euros en moyenne par an de rappels d'impôts non réglés et faisant l'objet de pénalités et d'intérêts de retard, 7,5 milliards ne sont jamais recouvrés. Faut-il rappeler que la France compte 83 enseignants dans le secondaire pour 1 000 habitants là où l'Allemagne en compte 66 et le Royaume-Uni 60, 2,2 agents des impôts sur 1 000 habitants là où le Royaume-Uni en compte 1,3, la Suède et le Canada 1,2 ? Faut-il rappeler que la France dispose de 1 987 fonctionnaires pour soutenir les exportations alors que l'Allemagne, qui pèse le double de la France en pourcentage du commerce mondial, en compte 1 046, presque un sur deux en moins ? »

Tous les pays développés ont lancé un programme de réduction du nombre de fonctionnaires sans altérer la qualité des services publics. Les effectifs des fonctionnaires d'Etat ont baissé de38% en Suède, de 20% en Grande-Bretagne, de 14% en Espagne, de 7% en Italie. Alors pourquoi la réforme est-elle si difficile en France ?

Notre pays baigne dans une idéologie de gauche – dont la droite au pouvoir ne s'est jamais départie avant Nicolas Sarkozy – qui voit dans l'emploi public la panacée universelle. Même si l'entreprise privée et le capitalisme ont été quelque peu réhabilités, il reste une imprégnation marxiste idolâtre du tout-Etat.

Favorables aux services publics, les syndicats de fonctionnaires s'enferment dans le quantitatif au lieu d'insister sur le qualitatif.

Or le quantitatif est l'expression du corporatisme tandis que l'essentiel pour les citoyens est le qualitatif. L'important par exemple pour l'Ecole n'est pas le nombre d'enseignants mais la qualité du service rendu aux élèves.

Le quantitatif n'est souvent qu'un prétexte pour refuser toute réforme et pour ne pas révéler la réalité des insuffisances.

C'est dire qu'une campagne d'explication est nécessaire. Il faut faire comprendre à l'opinion publique que ce ne sont pas les services publics qui sont en cause mais la façon dont ils sont assurés.

Des fonctionnaires moins nombreux mais plus efficaces seront davantage respectés.

Des fonctionnaires mieux répartis selon les fonctions de l'Etat permettront de renforcer les secteurs vitaux.

En d'autres termes, un Etat plus léger, plus efficace et moins coûteux : tel doit être l'objectif essentiel pour moderniser la France et mieux satisfaire les Français.

On peut consulter Charles Debbasch, Administration Publique, 6ème édition, Economica, 2005.

NICOLAS SARKOZY : MODESTE, DETERMINE, CONVAINCANT

18 avril 2008

Pour Nicolas Sarkozy, il ne pouvait y avoir pire moment pour intervenir à la télévision. Après un an de mandat, la confiance s'est effritée. Seul un tiers des Français approuve son action. Les sondages négatifs sont tous concordants et à l'enthousiasme qui a suivi son élection a succédé une grande morosité.

C'est parfois dans les difficultés que les hommes sont les meilleurs et le président Sarkozy n'a pas échappé à la règle ; il est apparu modeste, déterminé et convaincant.

La modestie a été en toile de fond dans tout le discours. C'en est fini de ce président qui, au lendemain de son élection, confondait l'action et le volontarisme, l'agitation et la réforme, l'apparence et le fond des choses. Les Français ont retrouvé un président qui prend de la hauteur et retrouve la dignité de ses fonctions. Reconnaissant ses erreurs de la première année, il a su employer le ton juste, digne de la situation de Chef de l'Etat. Mais s'il a évolué sur la forme, le président n'a rien perdu de sa détermination à réformer la France. Certes la crise mondiale est passée par là et n'autorise aucun grand écart. Si le "choc de confiance" annoncé n'a pas été au rendez-vous, c'est que "la France a eu à faire face à un quadruple choc", renchérissement du pétrole, crise des *subprimes*, flambée de l'euro et des matières premières.

Mais Nicolas Sarkozy est plus que jamais déterminé à sortir la France du socialisme rampant et du corporatisme.

"On a un contexte international difficile, raison de plus pour accélérer les réformes."

Il est resté ferme sur les retraites, en confirmant le passage à 41 ans de cotisations. Il a défendu la même fermeté sur l'école: "je maintiens les réformes qui permettront les réductions de postes.» Il a confirmé qu'un salarié sera "obligé d'accepter un emploi représentant 95% de son salaire au bout de trois mois de chômage".

Quant au Revenu de solidarité active (RSA), il sera généralisé l'année prochaine, mais "en en maîtrisant les coûts", pour "1 ou 1,5 milliard d'euros". Le déficit public sera réduit à l'horizon 2012, grâce au non-remplacement d'un fonctionnaire sur deux partant à la retraite. La tâche n'est pas facile. La société française est encore prisonnière d'un Etat-providence désuet. Les corporatismes et notamment ceux des syndicats sont vivaces. Mais Nicolas Sarkozy entend garder le cap.

Et c'est en cela qu'il est apparu convaincant. Désormais, le fond l'emporte sur la forme. Avec le soutien de François Fillon à qui il a renouvelé sa confiance et à la condition de mieux maîtriser sa communication, le Chef de l'Etat devrait réussir à reconquérir un capital de confiance malgré la conjoncture morose.

LE ROYAUME DES FRITES

28 avril 2008

Pour ceux qui en douteraient, la Belgique n'a pas pour seul ciment unitaire le roi. Elle reste le royaume incontesté de la frite. Il n'est dès lors pas étonnant que le gouvernement belge vienne d'annoncer l'ouverture d'une enquête pour "clarifier le prix correct d'un cornet de frites".

Le ministre de l'Economie et de la Simplication administrative, Vincent Van Quickenborne, a chargé les autorités nationales de la concurrence "de mener une enquête préliminaire afin d'expliquer la différence de prix entre les pommes de terre et les cornets de frites". Le porte-parole du ministre s'est étonné que " Les frites s'enchérissent plus vite que les pommes de terre. "Le but de l'enquête est de trouver une explication pour cette différence.

J'ai interrogé les spécialistes et ils m'ont fourni des explications qui ne sont pas toutes convaincantes.

Les uns m'ont soutenu que plus le prix de la patate monte, moins on peut mettre de frites dans le cornet mais, la quantité de papier pour le cornet restant la même, la part de la valeur du papier par rapport au contenu s'accroît considérablement.

Les autres m'ont soutenu que la faute en revient à l'huile de friture ; moins il y a de frites et plus le coût relatif de l'huile dans le cornet se développe.

Mais l'explication la plus hardie m'a été fournie par le syndicat belge de la petite friture (SBPT) qui m'a très doctement expliqué que moins il y a de frites par cornet, plus le travail de découpe est délicat. Le nombre de salariés s'accroît au fur et à mesure que le nombre de frites par cornet diminue. Il faut ajouter que l'état moral du personnel devient déplorable car les découpeurs de pommes de terre sont aussi des mangeurs de frites et, renchérissement de la vie oblige, ils sont en manque de leur précieuse drogue. Ils n'ont plus la frite.

Au gouvernement belge alors de proposer une mesure radicale : l'institution d'une carte de sécurité sociale donnant droit à un contingent minimum de frites. Les frites c'est chic !

LA REVISION DE LA CONSTITUTION

Le 23 avril 2008, le gouvernement a donné sa forme définitive au projet de révision de la Constitution. Celle-ci est à présent entrée dans le stade parlementaire qui devrait s'achever par un vote du Congrès. La majorité des 3/5 étant requise, son adoption définitive n'est pas assurée.

POURQUOI CETTE 24EME REVISION CONSTITUTIONNELLE

La Constitution de 1958 a été modifiée à vingt-trois reprises depuis sa publication par le pouvoir constituant, soit par le Parlement réuni en Congrès, soit directement par le peuple à travers un vote référendaire. Elle comporte actuellement seize titres, cent quatre articles (dont deux transitoires) et un préambule. Ce dernier renvoie directement et explicitement à trois autres textes fondamentaux : la Déclaration des Droits de l'Homme et du Citoyen du 26 août 1789, le Préambule de la Constitution du 27 octobre 1946 (la Constitution de la IVe République) et la Charte de l'environnement de 2004.

Le président de la République a, par le décret du 18 juillet 2007, confié à un comité de réflexion composé de personnalités le soin de lui soumettre des propositions sur la modernisation et le rééquilibrage des institutions de la Vème République. Ce comité, présidé par M. Édouard Balladur, a remis ses conclusions le 29 octobre 2007.

Cette vingt-quatrième réforme repose sur la volonté du président de moderniser les institutions. Sa volonté initiale ayant été d'accentuer la présidentialisation du régime, il a en compensation développé le rôle du Parlement et renforcé les garanties des citoyens.

LA RENOVATION DU MODE D'EXERCICE DU POUVOIR EXECUTIF

Dès son élection, Nicolas Sarkozy avait souhaité pouvoir s'exprimer devant les Chambres. Le texte lui donne désormais la possibilité de s'adresser directement aux parlementaires, son allocution pouvant donner lieu, hors de sa présence, à un débat non suivi d'un vote. Cette procédure nouvelle aurait vocation à n'être mise en œuvre que dans des moments particulièrement solennels de la vie de la Nation.

Cette réforme qui court-circuite quelque peu le Premier ministre introduit une certaine ambiguïté. Car, de deux choses l'une, soit le président dispose d'une majorité à l'assemblée et alors sa parole sera redondante par rapport à celle du chef gouvernement, soit on se trouve dans une situation de cohabitation et alors le risque existe que les parlementaires soient tentés de mettre en cause le président malgré son irresponsabilité.

Par ailleurs, le projet de loi limite le nombre de mandats présidentiels consécutifs à deux. On touche ici du doigt l'absurde institution du quinquennat. Le président aurait dû être autorisé à effectuer deux mandats de sept ans.

Le nombre maximum des ministres figurera désormais dans une loi organique. Cela ne paraît pas très contraignant, mais on peut faire confiance à l'imagination juridique pour créer, si le besoin s'en fait sentir, des postes échappant à toute limitation.

Désormais, le pouvoir de nomination du président de la République à de hautes fonctions sera encadré. Pour certaines des nominations relevant de lui, les emplois ne seront pourvus qu'après avis d'une commission constituée de membres des deux assemblées du Parlement. Il reviendra à une loi organique de fixer la composition de la commission, de poser le principe de l'audition publique des personnalités pressenties et de préciser la liste des emplois concernés. La procédure s'appliquera aussi aux membres du Conseil constitutionnel et aux personnalités qualifiées visées à l'article 65 de la Constitution relatif au Conseil supérieur de la magistrature par le projet de loi.

Les garanties qui entourent la mise en œuvre de l'article 16 de la Constitution qui donne au président de la République des pouvoirs exceptionnels en cas de crise d'une extrême gravité sont renforcées. Le texte prévoit non plus seulement la consultation préalable du Conseil constitutionnel, mais aussi la saisine possible de ce dernier par les parlementaires à l'issue d'un délai de trente jours, puis son auto-saisine un mois plus tard et à tout moment au-delà, aux fins de vérifier que les conditions de mise en œuvre de ces pouvoirs sont toujours réunies.

Le droit de grâce ne pourra plus s'exercer à titre collectif. Il n'aura désormais vocation à s'exercer qu'à titre individuel et après avis d'une commission dont la composition sera fixée par la loi.

Sans modifier les articles 5 et 20 de la Constitution, qui définissent les rôles respectifs du président de la République et du gouvernement, l'article 8 atténue l'incohérence que représente l'affirmation de l'article 21 selon laquelle le Premier ministre est « responsable de la défense nationale » alors, d'une part, que le président de la République est le chef des armées, d'autre part, que le gouvernement est collégialement responsable de l'ensemble de la politique de la Nation devant le Parlement. La rédaction proposée vise à permettre une clarification des responsabilités dans cette matière.

LA REVALORISATION DU ROLE DU PARLEMENT

Plusieurs dispositions visent à revaloriser le rôle du Parlement.

La mission même de la représentation nationale est complétée : il ne s'agit pas seulement pour elle de voter la loi mais aussi de contrôler le gouvernement.

Par ailleurs, les prérogatives du Parlement dans l'exercice de ses missions sont renforcées.

Le texte prévoit l'institution d'un partage de l'ordre du jour entre le gouvernement et le Parlement : chaque assemblée aura la maîtrise de la moitié de son ordre du jour, deux semaines sur quatre étant réservées à l'examen des textes gouvernementaux et un jour de séance par mois étant réservé à l'ordre du jour fixé par l'opposition.

Sauf procédure d'urgence, la discussion en séance d'un projet de loi en première lecture ne pourra intervenir qu'au bout d'un mois après son dépôt et, dans la seconde assemblée, 15 jours après sa transmission.

Le projet de loi limite les cas de recours à la procédure de l'article 49 alinéa 3 (adoption sans vote) qui ne concernera plus que les lois de finances, les lois de financement de la Sécurité sociale et les lois constitutionnelles. Cette restriction est fortement contestée par la majorité sarkozyste.

Le projet constitutionnel renforce également la capacité d'initiative du Parlement avec l'introduction de la faculté de voter des résolutions. Par ailleurs, le nombre maximum de commissions permanentes passera de 6 à 8 dans chaque assemblée.

Le projet de loi prévoit par ailleurs l'instauration d'un régime d'autorisation parlementaire pour la prolongation d'une intervention militaire extérieure au-delà de six mois.

Plusieurs dispositions visent à accroître la représentativité du Parlement. Une commission indépendante, dont la loi fixe les règles d'organisation et de fonctionnement, se prononce par un avis public sur les projets et propositions tendant à délimiter les circonscriptions pour l'élection des députés ou des sénateurs ou à répartir les sièges entre elles. Les Français établis hors de France bénéficieront désormais d'une représentation à l'Assemblée nationale et la composition du Sénat permettra la représentation des collectivités locales « en fonction de leur population » par le Sénat.

LE RENFORCEMENT DES GARANTIES DES CITOYENS

Plusieurs dispositions visent à renforcer les garanties des citoyens. Mais leur effectivité dépendra des textes d'application à venir.

La composition du Conseil économique et social sera revue. Il devra faire davantage de place aux organisations non gouvernementales, aux jeunes, notamment aux étudiants, et le cas échéant aux grands courants spirituels. Il pourra, par ailleurs, être saisi par voie de pétition citoyenne.

De façon très timide, est introduite l'exception d'inconstitutionnalité. Les justiciables auront la faculté de contester, par voie d'exception, la constitutionnalité de dispositions législatives déjà promulguées, réserve faite des textes antérieurs à 1958.Mais seules les juridictions suprêmes des deux ordres de juridictions auront la faculté de saisir le Conseil Constitutionnel de l'exception.

Un Défenseur des droits des citoyens pourra être saisi par toute personne s'estimant lésée par le fonctionnement d'un service public ; une loi organique précisera ses modalités d'intervention ainsi que les autres attributions susceptibles, le cas échéant, de lui être dévolues en complément de sa mission constitutionnellement définie. Le périmètre d'intervention sera déterminé selon une approche pragmatique et progressive. Outre celles de l'actuel médiateur, pourraient notamment être reprises, dans un premier temps, les attributions du contrôleur général des lieux de privation de liberté ainsi que celles de la commission nationale de déontologie de la sécurité.

Enfin, l'article 28 du projet organise la refonte du Conseil supérieur de la magistrature. Le président de la République cessera d'en assurer la présidence. Pour garantir, outre l'indépendance de l'institution, sa nécessaire ouverture, il est également prévu que les magistrats seront désormais minoritaires au sein du Conseil.

LES INTERROGATIONS DE LA REFORME

Le texte gouvernemental assure, sans contestation possible, une modernisation des institutions. S'il arrive à franchir l'obstacle du vote, il est susceptible de rééquilibrer les pouvoirs.

On remarquera cependant que la révision, partie d'une volonté de présidentialiser le régime politique, aboutit, en fait, en renforçant les pouvoirs du Parlement, à en accentuer les tendances parlementaires.

Par ailleurs, les avancées en matière de droit des citoyens restent timides ; alors que le nœud du problème est là : comment redonner aux citoyens des voies de droit simples et efficaces pour combattre les dérives des pouvoirs publics ?

QUAND L'ECONOMIE COMMANDE LA POLITIQUE

4 mai 2008

Apparemment, ces faits n'ont aucun point commun. En Italie, la gauche est défaite et la droite de Berlusconi l'emporte. En Grande-Bretagne, les travaillistes de Gordon Brown sont sévèrement sanctionnés et le parti conservateur de Cameron redore son blason. En France, la gauche l'emporte haut la main aux élections locales infligeant un sérieux revers aux troupes sarkozistes. Tandis que la droite progresse en Italie et en Grande-Bretagne, c'est le PS qui avance en France.

On peut trouver des explications à ces résultats dans le désordre : le manque de charisme de Gordon Brown, l'absence de leader incontesté de la gauche italienne face à Berlusconi, les fautes de style et de communication de Nicolas Sarkozy. Mais ce n'est là que de l'écume.

Le fond des choses est que toutes ces élections ont été défavorables aux gouvernements en place parce que c'est à eux que les opinions publiques imputent les conséquences de la dégradation de la situation économique.

De la même façon, les électeurs français avaient fait payer, en 1981, à Valéry Giscard d'Estaing les conséquences négatives du premier choc pétrolier.

Tout ceci doit conduire les politiques à la modestie. La politique est plus tributaire de l'économie que celle-ci de celle-là : un enseignement à en tirer pour la France.

Si la conjoncture économique se renverse favorablement, tous les reproches faits à Nicolas Sarkozy s'évanouiront.

Si elle continue à se dégrader, toutes les ressources du volontarisme sarkozien ne seront pas suffisantes pour redresser la situation.

L'AN I DE SARKOZY

6 mai 2008

Lorsque l'on fera plus tard l'analyse de cette première année du quinquennat de Nicolas Sarkozy, on ne pourra pas ne pas être frappé par la rapidité avec laquelle l'extraordinaire concert louangeur qui a accueilli son investiture a été suivi par un ouragan de critiques voire de dérision. On ne manquera pas alors de s'interroger sur les causes de cette brutale inversion. On fera alors inévitablement un partage entre ce qui résulte des erreurs du nouveau président et ce qui est la conséquence de la crise économique mondiale.

Qu'il soit permis pour l'instant de se départir de l'actuel « assassinat » médiatique du Chef de l'Etat pour tenter un bilan plus équilibré.

Le désamour actuel avec l'opinion publique, il est vrai, est indiscutable et les médias ne font que refléter les mouvements de l'opinion. Ainsi, selon un sondage OpinionWay du 3 mai 2008 dans *Le Figaro* seuls 32% des sondés sont satisfaits des résultats de la politique menée (contre 66% de mécontents), 36% sont satisfaits du respect des engagements de campagne (contre 61% de mécontents), 35% sont satisfaits de la manière dont M. Sarkozy exerce la fonction (contre 63% de mécontents) et 40% sont satisfaits des réformes engagées (contre 58% de mécontents). 62% des Français pensent que la France va traverser une grave crise d'ici la fin du mandat de Nicolas Sarkozy et plus d'un Français sur deux (55%) ne souhaite pas qu'il se représente en 2012, selon un sondage CSA pour l'hebdomadaire *Marianne*.

Le constat est net et sans indulgence. Pour l'instant, les Français ne sont pas convaincus du caractère bénéfique de l'action du nouveau président.

Si le président a eu du mal, dans cette première année de mandat, à trouver son style, c'est en grande partie parce qu'il a traversé un drame personnel. Tous ses efforts pour retenir sa femme, Cecilia, ont été vains. Or, celle-ci n'était pas que son épouse ; elle était aussi sa principale collaboratrice avec ses exigences propres et sa cour. Les tumultes de la séparation ont donc dépassé les limites de la chambre à coucher. Mais l'opinion publique devenue très tolérante sur la vie des couples n'a pas apprécié que succède à ce tumulte l'exhibitionnisme de sa nouvelle relation : l'effet Disneyland fut à cet égard désastreux.

Plus négative encore fut la tentative du président de désacraliser la fonction présidentielle. Tous les Chefs d'Etat qui ont succédé au général de Gaulle ont tenté de débarrasser, dans les premiers mois de leur investiture, la présidence de sa pompe. Ils sont vite retournés au classicisme ; mais Nicolas Sarkozy a chargé la barque en ce sens un peu fort. Et le 'con' du Salon de l'agriculture restera comme un excessif couac.

Mais tout ceci n'aurait été que fétu de paille si Nicolas Sarkozy n'avait pas cherché à bouleverser le jeu des institutions acceptées par les Français en remplaçant les ministres par ses collaborateurs personnels et en ravalant son Premier ministre à un rang non pas subordonné mais indéterminé. Ce faisant, le Chef de l'Etat portait atteinte à des institutions auxquelles les Français sont attachés. Il s'exposait aussi inutilement. La nouvelle vague de l'élite sarkozyste n'avait pas encore assimilé toutes les ficelles du pouvoir pour assumer le rôle que le président voulait lui voir jouer.

Nous sommes cependant, d'ores et déjà, dans l'archéologie : le président a reconnu ses erreurs et a considérablement modifié sa façon de gouverner. On doit désormais juger le fond et non plus la forme.

Le président n'a pas renoncé à sa volonté de réforme malgré la crise économique mondiale et, sur ce point, on ne peut que l'approuver. Les structures de la France sont sclérosées et elle s'enfoncera dans le déclin si elle ne sait pas se moderniser. Il n'y a pas, à cet égard, d'autre alternative que d'alléger les structures de l'Etat, de transformer les règles du jeu social, de dynamiser l'économie. Bien entendu, ces réformes ne sont pas indolores et exigent du temps pour produire leurs effets. Mais elles sont en chantier et ceci est à porter à l'actif du Chef de l'Etat.

Le président a engagé la diminution du train de vie de l'Etat et a commencé à réduire le poids de la fonction publique. Pour 2008, l'objectif a été retenu de ne pas remplacer un fonctionnaire sur trois, soit 22.900 suppressions de postes. En 2009, l'objectif de ne pas remplacer un poste de fonctionnaire sur deux partant à la retraite sera respecté. La carte judiciaire a été réformée et près de 250 tribunaux ont été supprimés. Une nouvelle loi a modernisé avec succès le statut des Universités. Grâce à un brillant ministre de l'Education Nationale, un important mouvement de remise à niveau des écoles, collèges et lycées a été largement initié. La suppression de la carte scolaire a été engagée. La loi sur le service minimum en cas de grève dans les transports est entrée en vigueur.

D'importantes réformes visant à réorganiser la protection sociale sur des bases plus saines ont été lancées. Les régimes spéciaux de retraite ont été réformés. La durée de cotisation passera de 37,5 à 40 ans dès 2012. Elle sera de 41 ans en 2016. Les franchises médicales s'appliquent depuis le 1er janvier 2008 pour 45 millions d'assurés sociaux, qui doivent prendre en charge 50 centimes par boîte de médicaments et par acte paramédical.

Le souci de redonner confiance à l'initiative et à la libre entreprise a dicté de nombreuses mesures. Le paquet fiscal a quasiment supprimé les droits de succession et porté le bouclier fiscal à 50%. Un crédit d'impôt bénéficie aux personnes ayant acheté leur logement après le 6 mai 2007. La défiscalisation des heures supplémentaires est entrée en vigueur. Le chômage a baissé de 0,8 point en 2007.Il s'établit à 7,8% de la population active malgré une conjoncture internationale désastreuse.

Le rétablissement de la sécurité et du contrôle des frontières a été largement entrepris. Un ministère de l'Immigration et de l'Identité nationale a été créé et une nouvelle loi durcissant les conditions du regroupement familial a été adoptée. Les peines plancher pour les récidivistes et la remise en cause de l'excuse de minorité dans certains cas pour les mineurs ont été adoptées. Le placement en rétention de sûreté des criminels restés dangereux à l'issue de leur peine qui a été voté ne sera cependant constitutionnel que pour les condamnations prononcées avant l'adoption de la loi, le 7 février 2008.

L'action internationale du Président est largement approuvée par l'opinion. Il a renforcé des liens malmenés par Dominique de Villepin avec les Etats-Unis et le Royaume-Uni. C'est grâce à ses initiatives qu'a été adopté le Traité simplifié modernisant l'Union Européenne.

On le voit, le bilan de Nicolas Sarkozy est loin d'être négatif et très loin de la présentation caricaturale qui en est faite.

Restent pour l'avenir deux interrogations majeures.

La première dépend du président ; aura-t-il la sagesse de s'en tenir à son nouveau style et au respect de l'équilibre institutionnel de la Vème République ? A cet égard, une grande partie de la réforme constitutionnelle - notamment l'apparition du Chef de l'Etat devant le Parlement- devrait être abandonnée.

La seconde est tributaire de l'environnement économique. L'opinion jugera en fonction de l'évolution du pouvoir d'achat. Et dans ce domaine, tout est encore dans l'indétermination.

Rendez-vous dans l'an II !

ROULEAUX DE PRINTEMPS

11 mai 2008

Une grave affaire secoue depuis quelques jours le palais de justice de Bruges. Le fournisseur de papier toilette n'ayant pas été réglé par l'Etat a suspendu ses livraisons. De ce fait, les juges, procureurs, greffiers et autres employés sont priés d'apporter leur propre papier toilette. La question est immédiatement remontée au niveau politique. Le porte-parole du ministre de la Justice a estimé que "Ce qui s'est passé est un héritage du précédent gouvernement et ce n'est pas acceptable. "

On ne peut que l'approuver. Imaginez le désarroi d'un procureur qui découvre trop tard l'absence de papier dans les toilettes obligé de solliciter l'assistance d'un justiciable. Celui-ci pourra légitimement imaginer qu'il est, dès lors, dans les petits papiers de la justice. Pensons au désarroi du juge qui va être obligé de sacrifier les feuilles d'un jugement à un usage insolite.

Rassurons-nous cependant : dans un Etat qui est secoué par la concurrence entre Flamands et Wallons, voici, enfin, une question qui rassemble. Pour une fois, le problème à résoudre n'est pas d'ordre linguistique. La Belgique rassemblée sera d'accord pour doter les magistrats de Bruges de leurs rouleaux de printemps.

CONTRIBUABLES PRIVES DE NICHE

17 mai 2008

Le gouvernement souhaiterait priver les contribuables de quelques niches fiscales. On entend par là ces domaines où les redevables pensent se mettre à l'abri du fisc. Exemple type : la loi Malraux qui permet en investissant dans des biens à caractère historique et culturel de bénéficier d'abattements fiscaux.

Il est vrai que ces niches n'ont jamais vraiment protégé les citoyens. Elles ont en effet le don d'irriter les fonctionnaires des impôts qui vont chercher ceux qui croient être tranquilles dans leurs niches et dirigent de préférence contre eux les contrôles.

Je trouve surprenante cette utilisation du vocable de niche. Elle ramène le contribuable au rang d'un animal apeuré qui cherche dans un abri de fortune une protection contre le dinosaure fiscal. Vous me direz que les contribuables en ont assez d'être tondus comme des moutons. Peut-être.

Mais n'y a-t-il pas d'autre remède ? Ne serait-il pas plus simple de ramener l'ogre étatique à de plus justes proportions ? Au lieu d'être vorace comme un lion, on souhaiterait qu'il se satisfasse d'un appétit d'oiseau. L'Etat ressemble à un restaurateur qui charge tant ses additions qu'il finit par perdre ses clients. Chassés de leurs niches, les contribuables seront tentés de gagner des espaces mieux protégés. Ainsi se vérifiera cette loi implacable des finances publiques : plus le taux d'imposition est fort et moins les rendements sont élevés. Comme on l'a justement affirmé : les gros taux tuent les totaux.

LE PARTI SOCIALISTE, PETAUDIERE OU ARMEE MEXICAINE ?

17 mai 2008

A six mois du Congrès du PS à Reims, "Le PS se transforme en véritable pétaudière", a estimé le député PS de Paris Jean-Christophe Cambadélis, proche de Dominique Strauss-Kahn, et Jack Lang a surenchéri : "l'inflation de candidatures au sein du Parti socialiste donne parfois le tournis. Tous deux faisaient référence aux luttes internes qui se déroulent actuellement pour le contrôle du parti.

Ségolène Royal a clairement dévoilé son ambition : "Si les militants en décident ainsi et l'estiment utile pour le parti socialiste, j'accepterai avec joie et détermination d'assumer cette belle mission de chef du parti".

Deux principaux courants s'opposent pour la désignation du premier secrétaire du PS. Certains veulent dissocier ce choix de l'investiture d'un présidentiable. D'autres, sans doute avec raison, estiment que la personne qui contrôlera le parti sera celle qui aura le plus de chances d'être choisie comme leader de la présidentielle.

Sur ce terrain, Ségolène Royal est inquiète de voir un bulldozer défricher une voie impériale. Bertrand Delanoë, fort de son succès parisien, a mis en place une stratégie pour couper la route à la candidate de 2007. Et la mayonnaise prend. Selon un sondage IPSOS pour *Le Point*, le maire de Paris devance Mme Royal de plus de 10 points parmi les "sympathisants" socialistes pour diriger le PS, avec 52% contre 40%, et de 14% pour être président de la République. Or l'exemple de Ségolène Royal l'a prouvé : si cette tendance dans les sondages se confirme, Bertrand Delanoë aura toutes les chances de se voir choisi pour diriger le parti, à moins que la coalition des rivaux parmi lesquels on trouve Dominique Strauss-Kahn, Julien Dray, Laurent Fabius, Pierre Moscovici mais aussi Laurent Fabius, Manuel Valls et François Hollande ne réussisse à imposer une solution peu probable d'intérim.

Et la doctrine dans tout ça ? Et le programme ? Ils sont balayés pour l'instant par le déferlement des ambitions.

Alors le PS une pétaudière ? Non, plutôt une armée mexicaine.

LE PS ET SON PROGRAMME : LE TEMPS DE L'HESITATION

20 mai 2008

Les affrontements de personnes que connaît aujourd'hui le parti socialiste ne doivent pas dissimuler les hésitations de celui-ci sur sa doctrine et son programme. Les grands fondamentaux du PS sont morts. Plus personne ne soutient l'idée d'une économie administrée par les nationalisations. Plus aucun hiérarque ne rêve de supprimer l'école libre. Et sur la réduction du temps de travail, le parti est plus qu'hésitant. Il s'interroge même sur l'actualité des trente-cinq heures. Les plus audacieux vont jusqu'à applaudir à l'allongement de l'âge de la retraite et s'interrogent sur les voies et moyens utilisables pour casser le déséquilibre des comptes sociaux.

Une grande révision s'impose.

Mais elle est difficile pour un parti qui a fait des mesures sociales son fonds de commerce. Tout au plus peut-il souhaiter que la droite sarkozyste fasse le « sale boulot » de remise en ordre pour pouvoir disposer en 2012 de grain à moudre.

La même hésitation règne sur les alliances. Le parti communiste déclinant ne dispose plus d'une force d'appoint suffisante. Lors des élections municipales de Paris, Bertrand Delanoë a montré qu'il pouvait obliger les Verts à mesurer leur poids réel. Et si Ségolène Royal est prête à s'allier avec le MoDem, celui-ci n'est pour l'instant qu'un fétu de paille écrasé par le mode de scrutin.

Les difficultés du sarkozysme avaient occulté les sables mouvants du PS. Voici que l'on redécouvre que le malheur des uns ne fait pas toujours le bonheur des autres.

LES VERTIGES DE L'ARGENT DU SPORT

21 mai 2008

Les chiffres de l'argent du sport figurent à présent au livre des records. Au premier rang, on trouve le célèbre champion de golf Tiger Woods. Celui-ci n'exige pas moins de deux millions de dollars pour s'aligner au départ d'une compétition. Il sera le premier sportif de tous les temps à atteindre dès 2010 le milliard de dollars de gains. Le champion a déjà empoché 650 millions de dollars en onze années sur le circuit professionnel.

Le milliardaire russe Roman Abramovitch peut, quant à lui, aligner sans sourciller 450 millions de dollars en faveur de son club de foot Chelsea. Il est vrai qu'il a reçu en 2005 la somme de 13 milliards de dollars en revendant la majorité des parts de sa compagnie pétrolière au géant Gazprom.

Les joueurs ne sont pas en reste : le joueur moyen de la principale ligue de football britannique gagne la somme de 1,4 million d'euros. Le contrat de David Beckham avec les Los Angeles Galaxy est d'une valeur prévue de 176,2 millions d'euros sur cinq ans.

Les clubs ont du mal à suivre. Ils se transforment en sociétés commerciales avec quantité de produits dérivés. La plus riche équipe du monde, le Real de Madrid, a développé en 2007 un chiffre d'affaires de 256,3 millions d'euros.

C'est sans doute le vertige de cet argent du sport qui explique l'erreur commise par Orange France. En effet, le club de natation des Dauphins à Toulouse a eu la surprise de recevoir une facture de téléphone de plus de 371 millions d'euros. Certes ce club connaît des succès puisque quatre de ses nageuses ont été sélectionnées pour les Jeux olympiques de Pékin. Mais, celles-ci sont loin d'avoir les salaires de Tiger Woods et la dette téléphonique n'était que de seulement 697 euros !

LA REFORME CONSTITUTIONNELLE : PENSER AUX CITOYENS

23 mai 2008

Tandis que la réforme de la Constitution mobilise et passionne la classe politique, les citoyens restent largement indifférents à ce dossier. 56 % des Français jugent ainsi que la réforme des institutions est «importante mais pas prioritaire» et 18 % la considèrent même comme «secondaire». (Sondage OpinionWay dans le cadre du baromètre Politoscope *Le Figaro*-LCI)

Il est important de prendre en considération cette situation et ses causes.

La première raison réside dans la lassitude des Français devant les trop nombreuses modifications de textes qui ne sont suivies d'aucun effet concret. Pour domestiquer une société rétive aux réformes, les gouvernants cherchent à impulser le changement par la voie textuelle. Or, on ne change pas une société par la loi ou le décret.

La seconde explication réside dans le fait que l'accroissement des garanties des citoyens dans le texte constitutionnel est vague et imprécis. Or, c'est ce point qui aurait dû figurer au premier rang de la réforme.

Les citoyens sont devenus progressivement les prisonniers d'une machine bureaucratique lourde et pratiquement affranchie de tout contrôle.

Deux exemples.

Est-il normal qu'un scandale judiciaire comme le scandale d'Outreau n'ait pas été suivi d'une réforme profonde de la justice alors que les dysfonctionnements qu'il révélait étaient susceptibles de se reproduire ?

Est-il admissible qu'il puisse s'écouler plus de quinze ans entre le moment où un citoyen est l'objet d'un contrôle fiscal et celui où la juridiction administrative statuera sur son litige avec le fisc ?

La maladie d'un pouvoir se manifeste souvent -comme celle d'un individu- aux extrémités c'est-à-dire aux points de contact avec les administrés. C'est là qu'est attendue avec le plus d'impatience la réforme de l'Etat.

DU BON USAGE DE LA NUDITE

23 mai 2008

Existe-t-il un bon usage de la nudité ? On peut se le demander à la lumière des trois faits divers suivants.

LA NUDITE EROTIQUE

Un pilote d'avion et une hôtesse de l'air entièrement nus ont été arrêtés par la police dans un bois de Harrisburg, en Pennsylvanie. Après un repas bien arrosé, les deux tourtereaux ont décidé d'aller explorer leurs anatomies respectives dans la nature. Mais ils ont été dénoncés par les habitants. La police a mis en œuvre un hélicoptère muni d'un détecteur de chaleur pour débusquer les amoureux Elle a fini par les arrêter : lors de son interpellation, le pilote était uniquement vêtu d'une paire de tongs et d'un bracelet montre. Cet ébat champêtre a valu à ses protagonistes une condamnation pour outrage public à la pudeur. On peut supposer que le pilote ne confondra plus jamais pelotage et pilotage.

LA NUDITE DE PROTESTATION

Une touriste israélienne en vacances en Nouvelle-Zélande, excédée par les sifflements des ouvriers sur son passage, a retiré tous ses vêtements pour se retrouver entièrement nue. Impressionnés, les ouvriers ont cessé de siffler mais un immense embouteillage s'est formé. La touriste féministe a aussitôt été expulsée. On peut imaginer qu'elle en a eu le sifflet coupé.

LA NUDITE DE CHARITE

Une dizaine d'étudiantes lyonnaises viennent de poser nues pour un calendrier qui servira à lever des fonds pour la construction d'un petit dispensaire ophtalmologique à Dzogbegan, un village de 4 500 habitants au Togo. Le nu est devenu ici humanitaire.

Et il est bien normal que pour permettre aux déshérités de soigner leur vision ces généreuses bienfaitrices aient donné à tout un chacun l'occasion de se « rincer » les yeux.

QUAND LE NOUVEL OBSERVATEUR DERAPE.

A PROPOS DES FAUX PROPOS PRETES A NICOLAS SARKOZY

26 mai 2008

Dans sa rubrique Téléphone rouge du 15 mai 2008, *Le Nouvel Observateur* publie un confidentiel qui relate un entretien informel donné, lundi 5 mai, par Nicolas Sarkozy à des journalistes spécialistes de l'Europe. Selon cet article, le Chef de l'État aurait convié ses invités à passer en terrasse sur un mode vulgaire : "Putain les mecs ; il fait chaud ; on se fout sur la terrasse !" Et le Chef de l'Etat interrogé "sur sa pusillanimité à propos des droits de l'homme en Tunisie", aurait perdu tout sang-froid et aurait répliqué : "Rien à foutre ! De toute manière, ce ne sont que les connards qui posent des questions à la con..."

On voit immédiatement le dégât que peut causer une telle attitude. Malgré ses efforts pour adopter un nouveau style, le président n'aurait pas changé et il aurait réédité l'épisode du Salon de l'agriculture en l'aggravant. Il y a là de quoi ternir définitivement l'image de Nicolas Sarkozy dans l'opinion, d'autant que l'on peut supposer qu'un hebdomadaire aussi prestigieux ne peut pas mettre entre guillemets des propos du président de la République sans les avoir vérifiés.

Mais, hélas pour *Le Nouvel Obs.* et heureusement pour Nicolas Sarkozy, un journaliste de *Libération*, Jean Quatremer, qui publie un blog justement célèbre et qui fait autorité sur les affaires européennes, était présent à cette réunion. Et il témoigne : "Comment rester muet devant un tel mensonge qui nuit à toute la profession ?", s'insurge-t-il avant de livrer son compte rendu des faits. Ce jour-là, il fait beau dehors, et Nicolas Sarkozy s'amuse du décor dans lequel il reçoit ses hôtes : "Je ne suis pas contre la distance présidentielle, mais là, quand même, c'est trop. Cette maladie de faire des trucs tristes : ça manque de convivialité. Et si on se mettait dehors, êtes-vous d'accord ?" "Mais nul putain les mecs ", précise Quatremer.

Il n'y a pas eu plus de connard dans les propos de Nicolas Sarkozy. Selon Jean Quatremer, "sur la Tunisie, Sarkozy a défendu sa position avec passion, expliquant que Ben Ali n'était sans doute pas le plus grand des démocrates, mais que grâce à lui le pays n'avait pas versé dans l'islamisme radical, que les femmes n'étaient pas voilées et qu'elles faisaient des études."Et le blogueur de préciser que, ce jour-là, "l'hebdomadaire n'ayant pas de correspondant à Bruxelles", il n'y avait aucun collaborateur du *Nouvel Obs* présent. "

Il s'agit bien entendu d'une addition de fautes déontologiques graves. Comment un journal réputé sérieux peut-il prêter des propos à un Chef d'Etat sans les avoir vérifiés ?

Il s'agit là au surplus d'un second épisode des attaques déplacées du *Nouvel Obs* à l'égard du Président après l'affaire du prétendu SMS de Nicolas Sarkozy à son ex-épouse, Cécilia. Dans ce dossier, *Le Nouvel Obs*, par la voix de Jean Daniel, avait présenté des excuses, ce qui n'avait pas empêché Guillaume Malaurie, directeur de la rédaction du *Nouvel Observateur*, d'assurer maintenir « son soutien et sa confiance » au journaliste auteur de l'article et de répondre à la question : « -Avez-vous des regrets? Les regrets éternels sont réservés à d'autres circonstances.»

Or, il est probable que si l'hebdomadaire avait engagé une réflexion collective à propos de l'affaire du SMS ses journalistes auraient été plus vigilants et auraient évité la nouvelle dérive.

La liberté de la presse est une exigence fondamentale dans un Etat de droit mais les journalistes doivent l'accompagner d'un sens de la responsabilité et d'un respect de la déontologie sans failles. Ceux-ci sont les chevaliers servants de la liberté et non les électrons libres de leurs pulsions, inclinations ou préférences. La vérité ne se marchande pas.

Charles Debbasch est Ancien Président du Groupe de Presse *Dauphiné Libéré-Lyon-Matin*.

Charles Debbasch a publié de nombreux travaux sur le droit de l'information : *Traité du droit de la radiodiffusion*, (radio et télévision) 1967. *Le droit de la radio et de la télévision*, PUF, Collection "Que sais-je ?", n° 1360, 1ère éd., 1969 ; 2ème éd., 1984, (*Le droit de l'audiovisuel*). *Le Droit de l'audiovisuel*, Précis Dalloz, 1ère éd., 1988 ; 2ème éd., 1991 ; 3ème éd. 1993 ; 4ème éd. 1995. *La régulation de la liberté de la communication audiovisuelle*, PUAM-Economica, 1991. *Cinéma et télévision*, PUAM-Economica, 1992. *Publicité et audiovisuel*, PUAM-Économica, 1993. Les *campagnes électorales radiotélévisées*, PUAM-Economica, 1995. *La C.N.C.L.*, Economica 1988. *Les grands arrêts du droit de l'audiovisuel*, Sirey, 1991. Droit des Médias, collection Références, Dalloz 1999 ; 2ème éd., 2001. *Droit de la communication*, 1ère édition Dalloz, 2001.

LE PS EN VOIE DE MUTATION VERS LE LIBERALISME

27 mai 2008

Dans son récent livre *De l'audace*, Bertrand Delanoë semble préparer une révision sans précédent au PS. Il se proclame à la fois libéral et socialiste et refuse de laisser désormais à la droite le monopole du libéralisme. En riposte, Ségolène Royal a jugé "totalement incompatible" d'être à la fois "libéral et socialiste".

L'initiative du maire de Paris est claire. Il souhaite faire prendre au PS le virage blairiste qu'ont pris la plupart des partis socialistes européens.

Il le fait avec beaucoup de précautions. Il affirme qu'il se situe dans la tradition des Lumières, dans le cadre du libéralisme politique et il insiste fortement sur les libertés individuelles. Mais il n'exclut pas le libéralisme économique, ce qui est un virage à angle droit par rapport à un PS qui préférait l'Etat au marché, le collectivisme à l'individualisme, l'égalité à la liberté.

Cette évolution suppose une révision drastique de la doctrine du PS. Elle va, naturellement, agiter les différents courants qui parcourent le PS. Les partisans de l'ouverture à gauche ne vont pas manquer de souligner que cette droitisation du PS ouvre un boulevard au mouvement d'Olivier Besancenot. Les libéraux de la tendance Strauss-Kahn ne goûteront pas de se voir dérober une partie de leur fonds de commerce. Quant à Ségolène Royal, adepte d'une alliance avec le MoDem, elle se voit enfermée dans une position difficilement tenable : se situer plus à gauche dans le PS que Bertrand Delanoë tout en étant, à l'extérieur du parti, favorable à une alliance à droite. La nasse du maire de Paris est ouverte sur elle. Va-t-elle se refermer ?

LA VIRGINITE DE LA FEMME CONDITION DE VALIDITE DU MARIAGE ?

30 mai 2008

Le tribunal de grande instance de Lille vient de rendre un jugement controversé. Il a décidé d'annuler le mariage d'une jeune femme musulmane après la requête déposée par son mari, musulman également, au motif qu'il y avait "erreur sur les qualités essentielles du conjoint".en effet, la mariée n'était pas vierge comme elle l'avait prétendu.

Cette décision est aberrante. Si on la prend dans son énoncé brutal, elle signifie que toute découverte d'un trait physique qui ne correspond pas à l'attente d'un époux peut entraîner l'annulation du mariage. On pourrait alors voir des maris demander l'annulation au motif que la poitrine de la femme ne fait pas les 110 C envisagés ou que leur épouse a une cellulite qu'elle n'avait pas déclarée et pourquoi pas ?, voir des femmes déposer la même requête au motif que le sexe de leur conjoint n'atteint pas la taille annoncée.

Ainsi, tout mensonge même par omission sur une caractéristique physique de la personne suffirait à provoquer l'annulation. Pourquoi, au demeurant, s'arrêter en chemin ? On pourrait pousser l'argumentation jusqu'à l'état psychologique. Le conjoint se prétendait joyeux et il est dépressif. Il avait soutenu qu'il n'aimait pas le foot et il ne peut se passer de se rendre à tous les matchs du championnat.

Mais cette interprétation du jugement serait erronée. Le tribunal a voulu faire de la virginité de la femme une qualité essentielle du conjoint. Là, nous ne sommes plus dans l'anecdotique mais dans le fondamental.

Comment un tribunal français peut-il prendre une décision aussi contraire aux principes essentiels de notre droit ? Le jugement porte atteinte au principe constitutionnel d'égalité entre les hommes et les femmes. Il introduit une discrimination, car il ne peut être prononcé qu'à l'encontre d'une femme.

Ce jugement a été justement critiqué. "Cette décision jurisprudentielle est atterrante", a fait savoir le PS. Elle "bafoue le droit des femmes à disposer de leur corps et à vivre librement, comme les hommes, leur sexualité", mais aussi "les principes de laïcité en soumettant les lois de la République au droit coutumier". "Une politique aussi moyenâgeuse, qui inférioriste les femmes, tire l'ensemble de la société vers le bas", affirme le parti communiste dans un communiqué. Le député UMP des Yvelines, Jacques Myard, exprime son "étonnement" et son "indignation". "Cette décision de justice particulièrement choquante avalise un intégrisme archaïque et viole l'ordre public." Et Elisabeth Badinter a dit justement : "Je suis ulcérée par la décision du tribunal d'accepter de juger ça parce que la sexualité des femmes est une affaire privée et libre en France, absolument libre". Elle précise : "Ça aboutit tout simplement à faire courir nombre de jeunes filles musulmanes dans les hôpitaux pour se faire refaire l'hymen. Et par conséquent, au lieu pour un tribunal de défendre les femmes, de défendre ces jeunes femmes, au contraire, il accentue la pression sur elles."

On peut en être certain, ce jugement devra être réformé en appel. Il ne fera pas jurisprudence.

UN MONDE AFFAMÉ

3 juin 2008

La Conférence internationale de la FAO (Organisation des Nations unies pour l'alimentation et l'agriculture) sur la sécurité alimentaire, qui se tient à Rome du 3 au 5 juin 2008 se situe à un moment crucial.

Le monde a découvert brusquement, dans ces dernier mois, qu'il existait un déficit considérable de la production alimentaire mondiale. Il en résulte une hausse du prix des denrées qui a entraîné dans les pays les plus pauvres des émeutes. Le cas du riz est particulièrement significatif. La tonne de riz thaïlandais se vendait 200 dollars en 2003, environ 300 dollars au début de 2007. Son prix est monté à 760 dollars au mois de mars 2008.

Plus de 800 millions de personnes souffrent de la faim dans le monde. 86 pays ne produisent pas eux-mêmes de quoi nourrir leur population et n'ont pas les moyens financiers nécessaires pour importer de la nourriture. Alors que la malnutrition recule partout et notamment en Chine, elle progresse en Afrique où se trouve la moitié des pays qui souffrent de la faim.

A qui la faute ?

Un défaut général de prévision explique en partie cette situation catastrophique. On s'est tellement félicité de l'augmentation des rendements et des progrès de l'agriculture industrialisée que l'on a perdu les repères essentiels. La croissance de la production a entraîné une baisse des prix qui a ruiné progressivement les petites exploitations.

Les pays riches n'ont rien fait pour aider les pays pauvres à soutenir leur agriculture. En subventionnant largement leurs producteurs, ils ont vulnérabilisé les paysans des pays les plus pauvres. Les Etats-Unis ont voté par exemple une nouvelle aide de 305 milliards de dollars, sur cinq ans, aux agriculteurs qui rend encore plus vulnérables les producteurs de maïs ou de coton africains. L'Union européenne porte également sa part de responsabilité dans la situation présente.

Les spéculateurs aggravent la crise. Les denrées agricoles sont devenues des produits financiers sur lesquels se sont rués les spéculateurs qui se sont détournés du marché immobilier.

Face à cette crise, une politique mondiale volontariste est nécessaire : il faut aider les plus pauvres à se procurer engrais et semences. Il faut également freiner le mouvement d'urbanisation et encourager les agriculteurs.

Si l'augmentation des prix des produits agricoles est, à l'heure actuelle, un lourd fardeau, elle peut, en revanche, favoriser à terme un renouveau de l'agriculture.

LA VICTOIRE DE BARACK OBAMA

5 juin 2008

Après une longue période de confrontation avec Hillary Clinton, Barack Obama a obtenu l'investiture du parti démocrate pour la prochaine élection présidentielle américaine. Il s'agit d'un choix important pour la grande puissance américaine et aussi pour l'ensemble de la société internationale.

Cette compétition a été marquée par une double innovation. Pour la première fois, un Noir et une femme se disputaient la candidature pour la Présidence. Le double mouvement pour l'émancipation des femmes et pour la non-discrimination à l'égard des citoyens américains de race noire a produit ses fruits. Il est quand même singulier que ces deux libérations se soient trouvées en compétition. Pour la première fois, un Afro-Américain va se présenter sous les couleurs de l'un des deux grands partis dans la bataille présidentielle. "Président noir", ces deux mots ne sont plus inconciliables, a souligné le *Washington Post*.

C'est, sans doute, la singularité des Etats-Unis de nous surprendre, et de nous faire rêver aussi. On est en effet loin des investitures en catimini à la française. Les candidats américains sont contraints à une dure compétition, Etat après Etat, qui favorise la participation populaire c'est-à-dire la démocratie. Près de trente-sept millions de citoyens ont participé au choix du candidat et non, comme en France, quelques milliers. Certes le système a un coût mais, à tout prendre, il est infiniment digne et respectable.

Cette longue compétition de six mois révèle les qualités et les défauts des candidats. Elle les aguerrit afin de les rendre dignes du pouvoir. Elle leur permet de roder les aspérités de leurs programmes et de les adapter aux vœux des électeurs, au point qu'à la fin de la compétition les programmes se ressemblent pour mieux rassembler. Comme l'écrivait Alexis de Tocqueville, en Amérique, « C'est donc réellement le peuple qui dirige, et, quoique la forme du gouvernement soit représentative, il est évident que les opinions, les préjugés, les intérêts et même les passions du peuple ne peuvent trouver d'obstacles durables qui les empêchent de se produire dans la direction journalière de la société. »

L'investiture de Barack Obama illustre l'émergence d'une nouvelle Amérique, un melting pot où les Whasps ne monopolisent plus le pouvoir.

A présent, une nouvelle compétition s'ouvre qui opposera le candidat démocrate à John Mac Cain, le candidat républicain. Barack Obama va avoir besoin des femmes américaines qui avaient rêvé voir la féminité gouverner à la Maison Blanche. A ce titre, Hillary Clinton peut être un bon appui et donc une personne à honorer de quelque façon que ce soit. On comprend alors l'hommage que Barack Obama a rendu à sa rivale. « La sénatrice Hillary Clinton est entrée dans l'Histoire dans cette campagne, pas seulement parce qu'elle est une femme qui a accompli ce qu'aucune femme n'avait accompli avant, mais parce qu'elle est un leader qui inspire des millions d'Américains par sa force, son courage et son engagement. (…) Notre parti et notre pays sont meilleurs grâce à elle, et je suis un meilleur candidat pour avoir eu l'honneur de faire campagne contre Hillary Rodham Clinton. » Traumatisée par l'échec, la compagne de Bill n'a donc pas tout perdu.

L'UMP A LA RECHERCHE DE SON IDENTITE

12 juin 2008

Il n'est jamais aisé d'être le parti du président. L'UMP le ressent particulièrement à l'heure actuelle. Son positionnement par rapport au Chef de l'Etat est particulièrement difficile. A l'égard de l'opinion, le parti du président porte la responsabilité de la politique gouvernementale et donc en assume totalement l'actif mais aussi le passif, ce qui, en période de crise économique, est lourd à porter, d'où la tentation de se distinguer quelque peu de la position des ministres pour acquérir une volonté propre. C'est ce que tente de faire, avec plus ou moins de succès, Patrick Devedjian. Mais la mesure est difficile à tenir puisqu'il faut se distinguer sans s'opposer, être original sans être dissonant.

La situation du président de la République n'est guère plus facile. Il doit, à tout prix, garder le contrôle de son parti. C'est lui qui l'a aidé à prendre le pouvoir. C'est lui qui l'aidera à le conserver. Mais le maintien de ce contrôle est difficile. Les plus fidèles sont devenus des ministres qui disposent de moins de temps pour l'action politique. Les plus ambitieux ne font pas davantage l'affaire car ils aideraient le parti à se distinguer du Chef de l'Etat. Nicolas Sarkozy n'a pas laissé une seule personne diriger le parti à sa place. Il a dilué les responsabilités pour permettre aux ambitions de se heurter, ce qui n'a pas manqué de se produire au prix d'une certaine perte de l'efficacité.

La responsabilité même du président de la République l'écarte d'une gestion étroitement partisane. Président de tous les Français, il doit se montrer ouvert et disponible pour tous. Il lui faut donc parfois sacrifier les siens sur l'autel de l'ouverture ce qui fait grincer les dents à l'UMP.

L'UMP doit donc être étroitement tenue en main. La bataille pour son contrôle est plus vive que jamais. La situation n'est pas nouvelle. Georges Pompidou était devenu après la dissolution de 1968 le vrai chef du parti gaulliste et avait éclipsé le général de Gaulle. Lionel Jospin avait pris ses distances par rapport à François Mitterrand au nom de la politique d'inventaire. Et Nicolas Sarkozy s'est emparé du parti gaulliste à la barbe de Jacques Chirac.

C'est en réalité par l'action et la proposition que l'UMP trouvera ses propres marques.

LES LECONS DU NON IRLANDAIS AU TRAITE DE LISBONNE

16 juin 2008

Il va falloir très vite tirer les leçons du non de l'Irlande au traité simplifié de Lisbonne.

Certes, on peut trouver qu'il témoigne de quelque ingratitude de la part des électeurs d'un petit pays qui a largement profité de son intégration dans l'Europe.

Certes, on peut trouver qu'il est anormal qu'un seul pays puisse bloquer un processus désiré par tous les autres.

Mais on ne doit pas méconnaître les explications de ce rejet.

Pourquoi, en effet, les autres Etats ont-ils choisi de ne pas soumettre au référendum la question de l'adoption du traité simplifié et ont-ils préféré la voie parlementaire ?

Tout simplement, parce qu'ils savaient que le risque était grand de voir les peuples se prononcer contre l'adoption. On peut être tenté de penser que les élites parlementaires sont plus avancées dans la connaissance de l'Europe que les opinions publiques et que c'est pour cette raison que l'on écarte le choix direct par les électeurs. Mais une démocratie ne doit jamais avoir peur des citoyens.

En réalité, l'Europe est devenue un monstre technocratique auquel les citoyens ne comprennent plus rien. Bien que simplifié, le traité ne comprenait pas moins de 350 pages. Est- ce bien raisonnable ?

L'Europe est lancée dans une fuite en avant qui peut l'entraîner à sa perte. L'élargissement trop rapide à de nouveaux membres avant qu'ait été réalisé l'approfondissement démocratique préalable fut une erreur grave.

Il faut sortir l'Europe de la technocratie et la réconcilier avec les citoyens.

Telle devrait être la tâche essentielle de la présidence française qui s'ouvre dans les prochains jours.

RAYMOND DOMENECH ET LES ASTRES

19 juin 2008

L'Euro 2008 vient de se terminer en catastrophe pour la France et chacun s'interroge sur l'aptitude réelle de l'entraîneur national Raymond Domenech. De multiples questions sont soulevées et les réponses ne sont pas évidentes. Dans les moments difficiles, deux types de sorties sont possibles. Il y a la voie rationnelle : il faut alors analyser la capacité réelle d'un entraîneur qui n'a jamais connu le succès, le vieillissement d'une équipe qui conjugue sa gloire au passé. Mais il y a une autre explication qui relève de l'irrationnel : il faut interroger les astres. C'est ce qu'a tenté de faire le magazine suisse *L'illustré* qui a demandé ses prédictions à Elisabeth Tessier. L'astrologue avait prédit la victoire... de l'équipe de France à l'Euro-2008 et "un moment unique dans la vie" du sélectionneur Raymond Domenech. "Le ciel de Raymond Domenech, comparé à celui de la finale de l'Euro, m'a éblouie", écrit Elisabeth Teissier. "Ce Verseau ascendant vierge vit un moment unique dans sa vie, à l'instar d'Alain Prost en 1985, lorsque je lui ai annoncé qu'il serait champion du monde. De là à conclure que la France va gagner l'Euro, il n'y a qu'un pas, que je franchis allégrement!" ajoute-t-elle.

Comble de malchance pour l'astrologue, cette chronique a été publiée au lendemain de l'élimination de l'équipe de France de l'Euro. On voudrait pourtant absoudre la Madone des horoscopes. Elle a pensé que Raymond Domenech vivait sur la planète Terre alors qu'il paraît le plus souvent dans la Lune.

Il est significatif qu'après l'échec de son équipe il ait demandé publiquement devant des journalistes sa compagne en mariage. Je pense que l'erreur de prédiction d'Elisabeth Tessier s'explique parce qu'elle n'avait pas pris conscience de l'état d'esprit de l'entraîneur. Le management des joueurs l'intéressait moins que la nouvelle étape de son ménage. Tel était « le moment unique dans la vie» que s'apprêtait à vivre Raymond Domenech. Elisabeth Tessier s'était simplement trompée de terrain de jeu : il ne s'agissait pas d'un stade mais d'une chambre à coucher. Il faut savoir d'une façon ou d'une autre tirer au but.

Voilà comment on est passé des astres au désastre.

QUEL AUDIOVISUEL PUBLIC ?

1er juillet 2008

Le débat actuel sur le financement de l'audiovisuel public a le grand mérite d'inciter à une réflexion plus globale sur le secteur public de l'audiovisuel.

En proposant d'éliminer la publicité des chaînes publiques, le président Sarkozy a lancé un grand pavé dans la mare.

Les arguments échangés à ce propos ne sont pas tous inspirés de la meilleure bonne foi. Par exemple, la gauche s'accroche aujourd'hui au financement publicitaire des chaînes publiques alors qu'elle soutenait, en 1967, que le secteur public devait être exclusivement financé par des ressources fiscales ou parafiscales. Quant à la droite qui rêve de réduire les prélèvements obligatoires, ne voilà-t-il pas qu'elle propose de créer une nouvelle taxe sur les opérateurs téléphoniques pour financer les chaînes publiques.

Les controverses illustrent la profonde évolution que connaît la communication audiovisuelle qui n'est pas près de s'achever.

De nouveaux acteurs apparaissent qui concurrencent les empires installés. Les nouvelles techniques -et notamment la TNT et la télévision par Internet- viennent bouleverser les situations acquises.TF1 vacille et avec elle c'est une époque de la télévision qui se clôt, celle d'un public unique regardant le même programme au même moment. Désormais les audiences se parcellisent. Ce n'est plus la chaîne qui impose son programme à son heure mais le citoyen qui bâtit son programme à la demande. Le foyer n'est plus le cadre exclusif de la réception. Les récepteurs sont devenus mobiles. Une nouvelle concurrence se noue entre les chaînes privées et de nouveaux acteurs se développent.

Quant à la télévision publique, elle a du mal à définir sa spécificité. Le financement public la soustrait aux pressions commerciales mais l'expose à un renforcement de la tutelle publique. La recherche de la qualité ne doit pas l'inciter à l'ésotérisme. Comment garder son public et son audience sans perdre son âme.

En novembre 2005, Thierry Vedel, rédacteur du rapport sur la télévision en France, note que « la télévision publique est soumise à une injonction contradictoire : on attend d'elle des émissions exigeantes et des grilles originales, mais on la compare continuellement à la télévision privée en termes de taux d'audience, de performance économique ou de management ».

Tôt ou tard on se rendra compte que le secteur public de l'audiovisuel est hypertrophié en France. En matière de télévision, il est constitué de la holding France télévision (France 2, France 3, France 4, France 5 et réseaux d'Outre Mer avec RFO). Il faut ajouter à la holding France télévision la chaîne culturelle ARTE, issue du traité du 2 octobre 1990, la chaîne parlementaire (LCP), détenue par les deux assemblées, la chaîne internationale francophone, TV5 Monde, détenue pour 2/3 par les entreprises publiques, et la chaîne de télévision française d'information internationale, France 24. Quant au secteur public radiophonique, il est composé de Radio France (un réseau constitué de radios nationales, telles que France Inter et France Info, de radios régionales ou locales, telle que France Bleue, et de France Culture) et d'autre part par Radio France internationale.

A l'évidence, il faudra un jour ou l'autre dégraisser ce mammouth public qui n'a plus de raison d'être et qui n'est qu'une des illustrations de l'hypertrophie de l'appareil de l'Etat en France.

C'est dire que le débat actuel sur le financement du secteur public n'est que l'amorce d'une réflexion plus globale sur la consistance même du secteur public de l'audiovisuel.

LA LIBERATION D'INGRID BETANCOURT

3 juillet 2008

La libération d'Ingrid Betancourt, grâce à l'action du gouvernement légitime de Colombie sous l'impulsion du président Alfonso Uribe, a été unanimement louée et il faut s'en réjouir.

Il ne manquait pourtant pas de voix, il y a quelques semaines encore, pour soutenir qu'il fallait traiter avec les FARC. C'est qu'il existe de doux rêveurs qui applaudissent à des révolutionnaires de pacotille, violents et sanguinaires, financés par la drogue. Depuis que les visages du Che fleurissent sur les tee-shirts des jeunes bourgeois occidentaux, un mythe de la légitimité insurrectionnelle s'est forgé.

Mais cette sympathie était combattue par les mouvements de soutien à Ingrid Betancourt. Un gigantesque chaîne de solidarité s'était forgée pour défendre cette héroïne aux mains pures devenue un personnage de roman, une pasionaria des droits de l'homme, le visage de l'angélisme face aux puissances du mal.

Mais, paradoxalement, la célébrité d'Ingrid Betancourt rendait sa libération difficile. Le poids de l'otage donnait du relief à l'action des FARC qui la retenaient prisonnière et donnait à ce mouvement une puissante monnaie d'échange.

La libération d'Ingrid Betancourt porte un coup décisif à l'action des FARC. Elle est un brillant succès pour tous ceux qui n'ont cessé d'espérer. Dans un hommage collectif, l'ex-otage leur a, avec émotion, témoigné sa reconnaissance.

A QUI TRANSMETTRE LE MISTIGRI DE LA HAUSSE DES CARBURANTS ?

4 juillet 2008

En ces temps de hausse vertigineuse du prix de l'essence, chacun cherche à se prémunir comme il peut. Les professionnels se retournent contre l'Etat en lui demandant des allègements de taxes. Les routiers, les pêcheurs, les taxis se sont ainsi rappelés de façon bruyante à l'attention du gouvernement. D'autres professions transfèrent le supplément de charges sur les usagers. C'est le cas des compagnies aériennes qui augmentent le prix de leurs billets d'une surcharge carburant. Mais, comme toujours, c'est des Etats-Unis qu'est venue la réaction la plus originale. Certaines municipalités commencent à appliquer une surcharge "essence" sur les amendes pour excès de vitesse afin de financer le plein des patrouilles de police. La ville de Holly Springs, dans la banlieue d'Atlanta (sud-est), applique, depuis le 1er juillet, une surtaxe de 12 dollars sur les amendes pour infraction au code de la route. Cette surcharge de 12 dollars devrait rapporter environ 20.000 dollars à cette ville de 7.700 habitants.

Il y a là naturellement une idée à creuser pour le ministère des Finances français. Imaginons que l'on fasse subir aux automobilistes une sorte de double peine. Ils paieraient pour remplir leurs réservoirs et ils paieraient pour remplir ceux de la police chargée de les pourchasser.

Le ministre Borloo, quant à lui, avait institué un bonus pour les voitures économes et un malus pour les autos gourmandes. Mais il y avait trop de bénéficiaires du bonus. Ne voilà-t-il pas qu'il propose que le malus qui était acquitté une seule fois lors de l'acquisition du véhicule devienne annuel ?

On peut bien entendu continuer dans cette voie jusqu'au jour ou les constructeurs automobiles menaceront de mettre sur le pavé quelques milliers de leurs employés si l'Etat ne leur accorde pas une subvention par véhicule produit.

SEGOLENE CAMBRIOLEE : C'EST LA FAUTE À SARKOZY

9 juillet 2008

Je me suis réveillé la tête lourde, un peu groggy. Je n'étais pas dans un état normal. Je me suis bien gardé d'y voir une conséquence du dîner trop arrosé pris la veille en compagnie d'un ami dans une auberge alsacienne. Mais je me suis tout de suite souvenu qu'au cours du repas j'avais critiqué la couleur de la chemise que portait le président Sarkozy lors de son entretien avec le président russe Medvedev. J'en ai tout de suite déduit que la police secrète de l'UMP avait dû m'entendre et tenter de m'empoisonner.

Ce qui m'a conforté dans mon opinion, c'est que lorsque j'ai rencontré ma secrétaire en arrivant au bureau, elle était toute bouleversée. Elle venait de rompre avec son fiancé. Alors qu'il refusait le soir de remplir son devoir conjugal au motif qu'il avait un travail urgent à faire sur son ordinateur, elle l'avait surpris en train de regarder les photos de Carla Sarkozy sur Internet. C'était bien encore la faute de Sarkozy.

Mon voisin de bureau, quant à lui, avait une main bandée. Il était dans le hall de la gare Saint-Lazare et, distrait par la vue d'un magazine people dont la une affichait le couple Sarkozy, il avait raté une marche et perdu l'équilibre : une fois encore à cause de Sarkozy.

La personne qui m'a convaincu définitivement de cette culpabilité sarkozyenne, c'est Ségolène Royal elle-même. La malheureuse vient d'être cambriolée et elle a trouvé le coupable : elle a établi "un rapport" entre la "mise à sac" de son appartement et son accusation de "mainmise du clan Sarkozy sur la France"."J'observe que la semaine dernière, le lendemain où j'ai dit qu'il fallait mettre fin à la mainmise du clan Sarkozy sur la France, mon domicile a été mis à sac (...) Je fais un rapport entre les deux.", a affirmé l'ex-candidate PS à l'élection présidentielle.

Un peu plus tard, les brumes de l'alcool se sont dissipées et j'ai retrouvé ma lucidité. J'ai appris que Ségolène Royal était la seule à ne pas s'être associée à l'élan de joie qui a entouré la libération d'Ingrid Betancourt. Et, au lieu d'incriminer Nicolas Sarkozy, je me suis dit que la prétendante au premier secrétariat du PS paraissait avoir quelque peu perdu sa boussole.

LE DERNIER JOURNAL TELEVISE DE PATRICK POIVRE D'ARVOR

10 juillet 2008

Au moment où il présente son dernier journal télévisé sur TF1, un sondage publié dans *Le Journal du Dimanche* après l'annonce de son éviction doit faire chaud au cœur de Patrick Poivre d'Arvor. Il révèle qu'une majorité de téléspectateurs (55%) a désapprouvé la décision de la direction de TF1 de mettre fin à ses fonctions et que les 2/3 ont souhaité que PPDA présente à la rentrée prochaine un JT sur une autre chaîne. C'est qu'en 21 ans de carrière et plus de 4500 journaux présentés, Patrick Poivre d'Arvor avait su donner avec brio l'illustration des différentes facettes de son talent et était devenu un familier des Français dans les foyers desquels il s'introduisait tous les soirs.

On ne demeure pas si longtemps sur le devant de la scène sans un travail constant, de grandes qualités de présentation et de clarté et une immense gentillesse. C'est pourquoi les rares faux pas de cet artiste ne méritent même pas d'être mentionnés. On est sûr que celui qui, à 61 ans, est resté encore presque un jeune homme trouvera bien vite à s'employer ailleurs et autrement et qu'il abordera sa nouvelle carrière avec bonheur.

Ceci dit le départ de PPDA marque la fin d'une époque. En 21 ans, le monde a changé, la télévision a connu une révolution et une nouvelle génération de téléspectateurs a pris les commandes.

A l'évidence, la société que contemplent les téléspectateurs n'est plus la même. La France n'est plus le centre du monde. La mondialisation est passée par là. Dans la nouvelle société planétaire, la mise en valeur des événements a changé. L'image a pris le pas sur la parole. Un nouveau style d'information plus sobre et plus dépouillé s'est imposé. Le rôle du présentateur s'est réduit. En ce sens, PPDA n'aura pas de véritable successeur. La grand messe du vingt heures s'étiole de plus en plus. Le monopole de TF1 s'érode de jour en jour. Les chaînes d'information grignotent et bientôt dévoreront l'audience de la chaîne de Bouygues qui ne craint pas d'ailleurs avec LCI de se cannibaliser elle-même.

Enfin, la manière même de s'exprimer a changé comme elle se modifie à chaque génération. Lorsque j'étais étudiant en droit dans les années cinquante, un de nos professeurs nous remplissait d'admiration. Il ne préparait pas beaucoup ses cours mais s'exprimait avec un style «vieille France» si alambiqué et si précieux qu'il finissait par nous séduire. Quelques années plus tard, alors que j'étais devenu doyen de Faculté de droit dans l'après-68, je vis venir vers moi ce professeur qui était devenu mon collègue. Il me demanda de le décharger de son cours dans un grand amphi. Son style qui imposait le respect à mon époque était devenu soudainement désuet et provoquait les rires et les chahuts.

De même, dans la société du troisième millénaire, les modes d'expression ont changé. Et c'est sans doute cette mutation que tente d'accompagner TF1 avec quelque brutalité.

Mais cela qui ne nous empêche pas d'avoir un serrement de cœur en regardant le dernier journal de PPDA, notre dernier journal.

LE SOMMET DE L'UNION POUR LA MEDITERRANEE

12 juillet 2008

Le succès de l'Union pour la Méditerranée – dont les assises se tiennent ce dimanche à Paris –, c'est déjà d'avoir réussi à rassembler autant de participants.

43 pays seront représentés : les 27 de l'Union européenne, 12 membres du processus de Barcelone lancé en 1995 pour rassembler les deux rives de la Méditerranée ainsi que la Bosnie, la Croatie, Monaco et le Monténégro. Il faut remarquer la présence de la plupart des dirigeants arabes, dont le président de l'Autorité palestinienne Mahmoud Abbas, le président syrien Bachar al-Assad et le président algérien Abdelaziz Boutefkika qui siègeront dans la même salle que le Premier ministre israélien Ehud Olmert. On remarquera que le Premier ministre turc Recep Tayyip Erdogan sera également de la partie alors même qu'il craint que la nouvelle organisation ne soit destinée à différer l'entrée de son pays dans l'Union européenne.

Certes, le projet est assez différent de ce qui avait été prévu à l'origine. On est passé de l'Union Méditerranéenne à l'Union pour la Méditerranée. La France qui voulait initialement limiter le périmètre de l'UPM aux seuls 22 pays strictement riverains de la Méditerranée, plus le Portugal, la Jordanie et la Mauritanie, a dû se soumettre aux exigences allemandes. Le projet initial est, de ce fait, quelque peu dilué mais il gagne en cohérence en associant toute l'Europe à la nouvelle organisation.

La simple coexistence de tous ces participants est déjà une étape importante pour le développement de la paix dans la région. Même s'il ne faut pas être trop optimiste, il y a là un cadre nouveau pour le rétablissement de la paix au Proche-Orient. Les participants expriment "une volonté politique partagée de revitaliser les efforts visant à transformer la Méditerranée en un espace de paix, de démocratie, de coopération et de prospérité". Par ailleurs, le sommet de Paris lancera quelques grands projets, comme la dépollution de la Méditerranée, les "autoroutes de la mer", la coopération en matière de protection civile pour la lutte contre les catastrophes naturelles, le développement de l'énergie solaire, l'éducation, l'aide à l'installation des PME et la sécurité alimentaire. Il est également question de créer des autoroutes maritimes, une université méditerranéenne et un programme Erasmus à l'échelle du bassin. L'UPM, qui se présente comme le laboratoire du codéveloppement, est le prolongement du processus de Barcelone, dont le bilan est mitigé.

Il reste encore à trouver les financements de toutes ces actions. Les organisateurs pensent à explorer les pistes des fonds privés et, notamment, celles des fonds souverains des pays du Golfe.

Le succès de la nouvelle organisation et son enracinement dépendront de l'équilibre qu'elle saura instaurer entre le Nord et le Sud. Certains voudraient la concevoir comme une barrière alors qu'elle doit être un lieu d'échanges et d'intensification des contacts.

D'ores et déjà, la tenue de ce sommet est un grand succès pour la diplomatie française et pour le président Sarkozy qui a poussé avec obstination ce qui était, hier, un projet et qui est, aujourd'hui, une réalité.

Il faut souhaiter que l'Union pour la Méditerranée connaisse le même développement que l'Union européenne.

UN 14 JUILLET FLAMBOYANT

14 juillet 2008

C'est un 14 juillet flamboyant que Nicolas Sarkozy a offert à la France en cette année 2008.

Exceptionnel cru qui se situe au lendemain d'un succès diplomatique sans précédent avec le sommet réussi de l'Union pour la Méditerranée.

Œcuménique avec la présence de 43 chefs d'Etat et de gouvernement et du secrétaire général des Nations Unies, avec la coexistence de la Syrie, du Liban et d'Israël.

Eblouissant avec une armée française vissée au carré et la prouesse des sept « oiseaux volants » se posant avec une étonnante précision au pied de nos hôtes.

On est loin de la vision apocalyptique qui avait été donnée, voilà encore quelques jours, d'un 14 juillet maussade et troublé par la réforme de l'armée.

Il est vrai qu'on ne réforme jamais sans douleur. Comme hier la réforme de la carte judiciaire, le redéploiement de l'armée sur le territoire ne se fera pas sans douleurs. Et il exigera des mesures d'accompagnement pour les villes touchées par la perte de leurs régiments. Mais qui peut vraiment soutenir qu'une adaptation de notre instrument militaire n'était pas indispensable ?

La suppression du service militaire et la construction d'une armée de métier exigent des moyens nouveaux. Il faut remplacer par des salariés les bénévoles fournis par la conscription et cela coûte cher. Toutes les conséquences financières de la suppression du service n'ont pas été suffisamment pesées à l'époque.

Dans le même temps, l'armée doit renouveler ses équipements. Comme le note justement le livre blanc sur la Défense, au chapitre intitulé « Age moyen des matériels appelant un renouvellement », les sous-marins nucléaires d'attaque patrouillent les océans depuis vingt ans, les véhicules de l'avant blindé transportent les fantassins en opérations extérieures depuis vingt-huit ans, les hélicoptères de manoeuvre - Puma, Cougar ou Lynx - décollent et atterrissent depuis trente ans. Les avions ravitailleurs sont vieux de quarante-cinq ans Comment soutenir dans ces conditions la comparaison avec les armées modernes des autres grandes puissances ?

Et que dire de la répartition des personnels ? 60 % des effectifs se consacrent au soutien et à l'administration, et seulement 40 % à l'opérationnel, alors qu'outre-Manche le ratio est inverse.

Il faut donc tailler dans les effectifs et les redéployer. Pour cela, le gouvernement promet d'affecter les crédits générés par les 54.000 suppressions de postes à la modernisation de l'armée. En d'autres termes, il y aura moins d'argent pour les salaires et plus pour la mobilité aérienne, les blindés ou les satellites de renseignement.

Tout ceci permettra de mieux faire face aux menaces nouvelles comme le terrorisme et de mieux prendre en compte les fonctions essentielles du renseignement.

La réforme n'est pas dirigée contre l'armée. Bien au contraire, une armée moderne et efficace sera mieux respectée par la Nation.

Il faut voir, à ce titre, dans ce 14 juillet flamboyant l'image du renouveau de la Défense nationale française.

UNE REVISION CONSTITUTIONNELLE DIABOLISEE PAR LE PARTI SOCIALISTE

22 juillet 2008

Le vote par le Congrès de Versailles de la réforme constitutionnelle proposée par le Président Sarkozy à la majorité requise des 3/5 est un événement important dans l'histoire de la Vème République, par le contenu même de la réforme qui rééquilibre le jeu des institutions en faveur du Parlement, par les circonstances dans lesquelles elle est intervenue qui en font un succès politique incontestable pour le président de la République.

A l'évidence, le parti socialiste a offert sur un plateau une victoire politique à Nicolas Sarkozy. Celui-ci souhaitait en effet une réforme consensuelle. La plupart des dispositions figurant dans le projet de réforme constitutionnelle étaient issues de propositions socialistes au point que nombre de grognards de la majorité sarkozyste étaient prêts à s'abstenir ou à voter contre. Mais le PS qui est entré dans une spirale suicidaire a choisi de s'opposer à la réforme pensant arriver à la paralyser et à faire payer le prix politique de cet échec au Chef de l'Etat. Dès lors, la politisation a joué en faveur de la réforme et les récalcitrants de droite se sont ressoudés et ont fait bloc permettant l'adoption de la révision. Le PS a joué et a perdu. Nicolas Sarkozy a gagné. Cette victoire régénère le pouvoir du Chef de l'Etat et accélère le vieillissement du PS. Détail piquant, le socialiste Jack Lang a permis par son vote le succès de la réforme.

Et pourtant, le contenu de la réforme n'est pas en faveur du président de la République. Seule avancée pour lui : il pourra dorénavant s'exprimer devant le Congrès mais cette apparition n'a pas grande portée car elle sera exceptionnelle.

En revanche, toutes les autres dispositions diminuent les prérogatives du président. Il ne pourra pas faire plus de deux mandats. La plupart de ses pouvoirs sont plus encadrés comme le recours à l'article 16, le choix des titulaires des postes les plus importants, les prérogatives à l'égard de la justice. C'est le Parlement qui retrouve des prérogatives essentielles dans la fixation de l'ordre du jour, les pouvoirs des commissions, la limitation de l'usage du 49-3.C'est quasiment une Vème République bis qui est née. Les citoyens ne sont pas oubliés avec l'extension du référendum, la création d'un défenseur des droits des citoyens et l'institution de l'exception d'inconstitutionnalité. Mais la portée de ces avancées démocratiques sera très dépendante des textes d'application.

Une observation finale s'impose : la procédure suivie pour la révision constitutionnelle montre la bonne méthode pour la réforme. Elle a été préparée par l'excellente commission Balladur. Elle a fait l'objet d'une longue campagne d'explication qui a convaincu l'opinion : un exemple à suivre.

LA PAILLE ET LA POUTRE

29 juillet 2008

Voilà bien longtemps, je me proposais d'inviter pour une conférence devant les étudiants de la Faculté de droit d'Aix René Cassin, Prix Nobel de la Paix, auteur de la déclaration universelle des droits de l'homme. Soumise au conseil de la faculté, ma proposition ne paraissait devoir soulever aucune difficulté jusqu'au moment où un de mes plus anciens collègues souleva une objection lourde.

« Mais, savez-vous que René Cassin écrit dans *France Dimanche* ou *Ici Paris* ? » publications dans lesquelles il avait hérité de quelques actions à la faveur des circonstances de la Libération. L'information fit mouche devant une assemblée aussi conservatrice.

C'est alors qu'un collègue interpella l'objecteur et lui demanda : « Mais comment savez-vous qu'il écrit dans de tels journaux ? » Le défenseur de la vertu fut obligé de reconnaître sous les quolibets qu'il lui arrivait de lire ces publications.

Je me demande si le sénateur de l'Aube, Philippe Adnot, ne risque pas de se trouver dans la même situation.

Dans une question adressée à Dominique Bussereau, secrétaire d'État chargé des Transports, ce parlementaire s'inquiète des libertés que prennent certains passagers de consulter dans le train sur leurs ordinateurs des « vidéos non autorisées à tout public ». « Ce type de projections, notamment à caractère pornographique, outre le fait qu'il peut porter atteinte à la liberté publique d'adultes non désireux, mais contraints de les voir en raison de la proximité de leur siège, porte certainement atteinte à celle des jeunes publics. »

On ne pourra que conseiller à l'éminent sénateur de ne pas trop se pencher vers le siège de son voisin afin d'éviter toute atteinte à sa vertu.

LE TROU DE LA SECURITE SOCIALE ET LE CLIVAGE DROITE GAUCHE

31 juillet 2008

Dans les premières années de l'indépendance algérienne, un ministre de Ben Bella s'était fait une petite réputation chez les humoristes en déclarant : « Voilà un an nous étions au bord du gouffre et nous avons fait un grand pas en avant ».

La même formule pourrait être reprise à propos du trou de la Sécurité sociale qui, malgré tous les plans égrenés au fil des ans, se creuse toujours davantage. Cette année, le régime général de l'Assurance Maladie devrait être en déficit de près de 9 milliards d'euros avec notamment un solde négatif de 4 milliards pour la maladie et de 5,6 milliards pour la vieillesse.

Certes quelques progrès ont été réalisés dans la branche maladie mais le secteur vieillesse dérape dangereusement avec le départ en retraite de la génération du baby boom. A l'évidence, une économie plus active procurerait plus de cotisants mais la croissance ne se décide pas par décret. Si l'on veut éviter l'impopulaire augmentation des cotisations, il faut donc maîtriser les dépenses de santé. Mais là, la gauche et la droite se heurtent.

La gauche prend le visage de la générosité. Elle préfère laisser filer les comptes plutôt que prendre des mesures impopulaires. La droite, plus technocratique, se sent la responsabilité de remettre de l'ordre. Elle apparaît ainsi plus flagellatrice. Elle cherche à traquer les abus, à éviter les dérapages des dépenses. Mais elle ne peut oublier le poids de son électorat. Augmenter la part des dépenses supportées par les patients, c'est se mettre à dos l'opinion. Refuser l'ajustement des honoraires des médecins, c'est s'attaquer à une base importante de son électorat.

Voilà pourquoi on s'en tient à des réformettes comme l'institution d'une taxe sur les mutuelles et les assurances complémentaires.

Nicolas Sarkozy avait déclaré solennellement que « tout euro dépensé dans la santé doit être un euro utile qui serve à guérir ou à soulager la souffrance. » Il reste que la navigation est difficile dans cette mer de dépenses. Ce n'est que progressivement que l'on arrivera à responsabiliser davantage les patients et les professionnels et à faire comprendre à chacun que même la Santé ne peut pas vivre au-dessus de ses moyens.

LA MORT D'ALEXANDRE SOLJENITSYNE : L'HOMME QUI A TUE LE SYSTEME COMMUNISTE

4 août 2008

Alexandre Soljenitsyne qui vient de mourir à 89 ans restera dans l'histoire moins comme un grand écrivain récompensé par le prix Nobel de littérature que comme l'homme qui a révélé à l'humanité entière que le côté libérateur du communisme était une énorme mystification. Jusqu'à Soljenitsyne, les intellectuels – de bonne ou de mauvaise foi – voyaient dans la société communiste une libération de l'homme, un mythe purificateur. Le régime de l'URSS leur apparaissait comme une société affranchie du règne de l'argent promouvant les droits humains. Lorsqu'on leur exposait les tares du régime communiste, ils criaient au complot capitaliste. Il était à la mode alors d'être dans leur sillage. Les bien-pensants de la société occidentale affichaient leur sympathie pour le régime de Moscou.

Pourtant, des renseignements de plus en plus précis et concordants commençaient à transparaître mais les zélotes du communisme n'y voyaient que le résultat d'un complot fasciste.

Et puis vint Soljenitsyne et son archipel du Goulag. Ce fut le début d'une autre époque. Par la force de son témoignage, il démontrait aux yeux du monde entier le caractère concentrationnaire du régime soviétique. Il n'était dès lors plus possible de ne pas le croire. Il n'était plus tolérable de tolérer l'intolérable. Les yeux s'ouvrirent. Les communistes des sociétés occidentales abjurèrent leur foi. Les régimes communistes déjà gangrenés s'effondrèrent. L'ensemble de l'univers communiste s'ébranla.

La force de Soljenitsyne est là. Il est l'homme qui a tué le système communiste en rendant désormais impossible la validation de sa légitimité.

SARKOZY, LA NOUVELLE ERE

6 août 2008

Depuis quelques mois, la présidence Sarkozy connaît une nouvelle ère. Tenant compte des critiques et des dysfonctionnements de la première année de son quinquennat, le président de la République a sensiblement modifié sa façon de gouverner. Les frémissements des sondages démontrent que l'opinion commence à ressentir favorablement ce changement d'orientation.

LES CHANGEMENTS DE L'EQUIPE DE L'ELYSEE

Sous la direction du préfet Claude Guéant, l'équipe de la présidence était déjà une des plus solides de la V ème République. On pense par exemple à deux têtes fortes de la présidence : Jean-David Levitte, sherpa et responsable de la politique étrangère, ou Raymond Soubie, en charge de l'équipe sociale. Il s'agit là des deux meilleurs spécialistes que la France connaisse dans ces secteurs. Cet aréopage compétent a été complété par l'arrivée du préfet Christian Frémont à la direction du cabinet.

La professionnalisation de l'équipe du président, l'accroissement du nombre de ses collaborateurs illustrent la présidentialisation accentuée du régime. La récente nomination d'un "coordonnateur du renseignement" français, Bernard Bajolet, en est un signe marquant. Le nouveau promu sera le point d'entrée auprès du président des services de renseignement des ministres chargés de la Sécurité intérieure, de la Défense, de l'Economie et du Budget. Il coordonnera et orientera leur action. Il leur transmettra les directives présidentielles. Il sera le point d'entrée des services de renseignement auprès du président de la République. A la tête d'une équipe légère, il assistera ainsi celui-ci dans une fonction de renseignement qui était jusqu'ici l'apanage du Premier ministre.

Parallèlement à ce renforcement de l'équipe présidentielle, son efficacité a été renforcée. Dans les premiers mois du quinquennat, les collaborateurs du président avaient quelque peu ruiné l'efficacité de leur action en commettant de nombreuses erreurs de communication, en se contredisant ou en s'écartant de la pensée présidentielle. L'ordre a été remis dans la maison et l'équipe France est désormais solidement tenue en mains.

Il faudrait ajouter à ce tableau le rôle bénéfique de la nouvelle épouse du président, Carla Bruni. Elle est moins directement impliquée dans la politique et les jeux d'influence des entourages. Elle est plus conforme à la fonction traditionnelle de la première dame : plus sociale, plus représentative, le charme en plus.

UN NOUVEAU STYLE PRESIDENTIEL

Même s'il souhaite toujours davantage présidentialiser le régime, Nicolas Sarkozy a notablement changé de braquet. Plus serein, il aborde ses interventions avec une aisance affirmée. Moins agité, il impressionne ses interlocuteurs par sa froide détermination.

Dès lors, il ne faut pas s'en étonner, les succès s'additionnent. On pense en premier au sommet très réussi sur l'Union de la Méditerranée. Mais c'est surtout la victoire que représente l'adoption de la réforme constitutionnelle à la majorité requise qui démontre la réussite du Sarkozy nouveau. Là où chacun avait prédit l'échec, la réussite est au bout du chemin avec en plus un pied de nez au PS avec le vote favorable de Jack Lang.

Il ne faut pourtant pas s'y méprendre. De nombreuses difficultés sont devant le président. Il ne s'agit pas seulement des incertitudes tenant à la conjoncture économique. Mais, davantage, du difficile équilibre à tenir entre la nécessaire débureaucratisation de la société et le conservatisme social. Tout changement inquiète et l'addition des réformes peut générer des tsunamis : raison de plus pour expliquer et convaincre.

LA CHINE, LES JEUX OLYMPIQUES ET LES DROITS DE L'HOMME

9 août 2008

L'éblouissante ouverture des Jeux olympiques que la Chine a offerte à des centaines de millions de spectateurs est déjà, à elle seule, une réponse à tous ceux qui auraient voulu au nom des droits de l'Homme et de la défense du Tibet fermer le rideau avant que les trois coups ne soient frappés. On peut penser qu'en obligeant la Chine à s'ouvrir et à faire ses preuves à l'égard du monde extérieur un pas irréversible a été fait dans la bonne direction et que cette ouverture contaminera progressivement l'ensemble de la société chinoise.

Cette opinion n'est cependant pas partagée par les irrédentistes des droits de l'homme qui voient au contraire dans la participation à la cérémonie d'ouverture une « collaboration » inexcusable avec un régime autoritaire. Le débat est aussi vieux que le monde et il n'appelle pas de réponse facile.

Les pessimistes voient dans chaque échange avec les « méchants » un encouragement à leur déviance, tandis que les optimistes espèrent que la main tendue permettra de tirer les « déviants » hors de leur marécage.

S'agissant de la Chine, on devrait peut-être se remettre en mémoire le débat que le monde libre a connu dans la décennie 60. Les partisans de la démocratie pluraliste soutenaient alors Formose et excluaient la Chine populaire de la société internationale au nom des libertés et des droits de l'Homme.

Edgar Faure soutenait une opinion inverse. Après un voyage en Chine, il suggérait, dans son ouvrage *Le Serpent et la Tortue*, qu'il serait bon pour la France de reconnaître cet Etat. Il pensait en effet qu'il était absolument grotesque que la plupart des grands pays ignorent purement et simplement ce continent. Ses propos intéressèrent le général de Gaulle qui, de retour au pouvoir, lui confia la mission de renouer avec la Chine. Edgar Faure précise dans ses *Mémoires* : «Lorsque je suis arrivé à Paris, le général de Gaulle avait pu déjà étudier tout le dossier. Et le jour où il m'a reçu, il m'a indiqué qu'il avait l'intention de suivre mes conclusions, lesquelles tendaient à la reconnaissance diplomatique de la Chine. En tout état de cause, on voit aujourd'hui combien le Général a été un précurseur. Il a fallu attendre huit ans pour que le président des Etats-Unis fasse le même raisonnement que lui. Mais je crois que, bien que le délai ait été assez long, notre initiative de 1964 a été un début, un précédent dont l'existence a pu jouer par la suite.»

Qui peut aujourd'hui prétendre que cette reconnaissance a été une erreur ? Elle a au contraire civilisé le régime chinois qui n'a plus rien à voir avec ce qu'il était à l'époque. Cette page d'histoire doit être méditée par tous.

J'y ajouterai une expérience plus personnelle.

J'ai participé, à la fin de la décennie 70 alors que j'étais conseiller du président Giscard d'Estaing, à l'organisation d'une conférence sur les droits de l'Homme avec Edgar Faure. Nous étions alors critiqués d'y accueillir l'URSS dont le régime était alors fort autoritaire. Edgar Faure me précisa alors avec intelligence (v. Charles Debbasch, *Mémoires du Doyen d'Aix-en-Provence*, Editions du Jaguar1996 p.117) : « je suis présenté dans la presse d'extrême droite comme un cryptocommuniste, parfois même comme un agent infiltré de l'Union Soviétique. Ces imbéciles ne se rendent pas compte que je fais plus pour le monde libre que tous les envoyés qui veulent en découdre avec l'URSS.J'accueille chez moi tous

les hauts responsables communistes. Ils me font confiance. Je leur fais rencontrer notre propre establishment. Nous préparons ainsi, comme je l'ai fait pour la Chine, les voies de la décrispation. »
C'est un précédent que l'on ne peut ignorer.

Charles Debbasch a été chargé de mission auprès du Président Edgar Faure alors ministre de l'Education nationale de juin 1958 à juin 1959 et coorganisateur de la conférence Armand Hammer, Paix et droits de l'Homme – Droits de l'Homme et Paix initiée par Edgar Faure

LA GUERRE EN GEORGIE ET LES RAPPORTS EST-OUEST

15 août 2008

La guerre de Géorgie doit inciter à réviser quelques lieux communs qui avaient cours dans l'appréciation des relations internationales.

On pensait que la dislocation de l'URSS avait mis à néant les capacités offensives du bloc soviétique. On imaginait que la Russie avait définitivement perdu la main sur ses anciennes colonies. On supposait que l'usage de la force était désormais banni dans les rapports Est-Ouest. Sur tous ces points, le conflit géorgien nous oblige à nuancer les idées acceptées jusqu'ici.

La Russie vient de rappeler brutalement que l'on ne touche pas impunément à son glacis. Depuis plusieurs mois, appuyé par l'administration Bush, le président Saakachvili cherchait à ancrer son pays dans le giron atlantique et souhaitait même le voir adhérer à l'Otan. A plusieurs reprises, la Russie avait mis en garde l'allié américain. Par son irruption brutale, la Russie rappelle que l'on ne doit pas aller trop loin dans le flirt avec l'oncle Sam quand on appartient à son ancien Empire.

L'emploi de la force pour donner une leçon au parent infidèle sonne comme un avertissement à tous ceux qui seraient tentés de s'émanciper. La Russie a voulu donner une leçon armée à la Géorgie afin que nul n'en ignore. Elle n'hésitera pas désormais à utiliser la force pour armer sa politique étrangère. Poutine n'est pas Gorbatchev qui avait assisté les bras croisés à la dislocation de l'Empire.

Dans ce nouveau contexte de confrontation, les Etats-Unis ont presque été réduits au rôle de spectateurs. Le risque d'un affrontement direct avec l'armée soviétique était trop grand. C'est un signe de faiblesse pour les autres pays issus des jupes communistes. Ils se rendent compte que si les Etats-Unis les engagent à aller trop loin, ils risquent de devoir en supporter seuls les conséquences comme le président géorgien.

Quant à l'Europe, elle a joué, grâce à l'impulsion de Nicolas Sarkozy, un rôle utile de médiation. Mais elle n'est pas en état de garantir l'intégrité territoriale de la Géorgie.

Ce n'est pourtant pas à un retour de la guerre froide que nous assistons. Tout au long de leur action, la Russie et ses dirigeants ont mené une action de communication pour expliquer leur action. La Russie ne veut pas se couper du monde extérieur. Elle a besoin d'échanges commerciaux, industriels et financiers. Elle lutte avec l'Occident contre le terrorisme international.

Certes tout peut encore déraper. Mais il est peu probable que la Géorgie marque une rupture définitive des excellents rapports construits depuis 15 ans entre les deux blocs. Le refroidissement actuel va simplement obliger les deux géants américain et russe à rebâtir le socle de leurs relations.

MOURIR POUR KABOUL

21 août 2008

Avec la mort de dix de ses soldats en Afghanistan, la France découvre qu'elle est engagée dans une guerre lointaine.

Le prix de la guerre paraît toujours trop lourd dans une société en paix. Il faut pourtant savoir parfois payer le prix de la paix en faisant la guerre.

La relative quiétude dont nous bénéficions en France fait trop souvent oublier combien cette situation est fragile. Le monde est assis sur une poudrière. Nous sommes menacés par la poussée des extrémismes et les vagues de la pauvreté. Les expansionnismes ne sont pas morts comme l'illustre l'exemple de la Géorgie. Les fondamentalismes religieux menacent la survie de la planète. Et ils sont à notre porte comme l'illustrent les attentats de ces derniers jours en Algérie. L'effort en faveur de la Défense nationale est donc nécessaire. Il est comme l'assurance qui ne paraît chère qu'avant l'accident.

Tout individu qui choisit le métier des armes sait qu'il peut le conduire au sacrifice de sa vie. Tels sont l'honneur et la servitude de la condition militaire. Et c'est pourquoi l'armée mérite la considération de la Nation. Et c'est pourquoi ces dix jeunes fauchés dans la fleur de l'âge ont droit à notre respect et à notre reconnaissance.

Cela n'exclut pourtant pas que nous nous posions la question de savoir pourquoi nous luttons en Afghanistan.

La réponse est simple. Nous sommes aux côtés de nos partenaires occidentaux pour défendre la société démocratique et les droits de l'Homme contre l'extrémisme des talibans et les terroristes d'Al-Quaïda. En défendant le gouvernement légitime de Kaboul, nous cherchons aussi à nous protéger.

Cela n'empêche pas les doutes et les questions. La stratégie de l'Occident est-elle adaptée à la gravité de la menace ? Le pouvoir de Kaboul mérite-t-il toute la considération que nous lui apportons ? Sommes-nous suffisamment associés à la définition des objectifs alors que nous développons notre implication dans le conflit ? Comme le résume fort bien le député Pierre Lellouche, éminent spécialiste des relations internationales, "J'aurais souhaité. ., que ce soit une démarche de donnant-donnant : nous augmentons notre contribution à l'effort de guerre, nous sommes impliqués dans les choix stratégiques.".

Voilà pourquoi, après le temps du nécessaire recueillement, viendra le moment où il faudra s'interroger sur la question de savoir s'il est opportun et nécessaire de mourir pour Kaboul.

SARKOZY : UNE POLITIQUE ETRANGERE DYNAMIQUE ET AUDACIEUSE

28 août 2008

Une heureuse tradition s'est instaurée. Chaque année les ambassadeurs de France se réunissent à Paris pour se ressourcer. A cette occasion, le Président de la République prononce un discours dans lequel il définit les options de la politique étrangère de la France. Le discours de Nicolas Sarkozy le 27 août 2008 devant la seizième Conférence des ambassadeurs restera dans l'histoire comme un modèle du genre. N'esquivant aucun des problèmes qui fâchent, définissant avec audace la modernisation de notre politique étrangère, le président de la République française a tracé les axes essentiels de la diplomatie française en ce début de siècle.

Premier pilier de cette politique : le positionnement résolument atlantiste. Le Chef de l'Etat infléchit sensiblement la politique à l'égard des États-Unis comme il l'avait annoncé lors de sa campagne électorale. Dans un monde devenu multipolaire avec l'émergence de la Chine, de l'Inde ou du Brésil, le Chef de l'Etat remarque justement que la France n'a plus à craindre de subir les effets d'une hégémonie américaine mais qu'elle peut au contraire par sa présence dans l'ensemble atlantique peser sur les décisions et mieux faire entendre sa voix.

Cela ne signifie pas que la France perde sa liberté de décision : la politique suivie au Proche-Orient en est un bon exemple. La France a défini clairement sa position. Elle est l'amie d'Israël mais cette amitié lui permet aussi d'affirmer sa position pour une solution juste et durable de la question palestinienne. Même s'il affirme être conscient du risque qu'il prend, le président justifie la reprise des relations avec la Syrie pour permettre un règlement d'ensemble de la situation dans la région et notamment au Liban.

Après le limogeage du secrétaire d'Etat à la coopération, on attendait Nicolas Sarkozy sur la politique africaine. Le président rejette le procès de la « Françafrique », s'il s'agit de mettre en cause les liens que la France et ses anciennes colonies ont souhaité maintenir après les indépendances. « C'est l'honneur de la France que d'avoir su accompagner, à leur demande, ces nouveaux Etats, avec une aide massive et multiforme. La France est fidèle en amitié. Elle assume sans complexes les liens que l'Histoire a tissés. » Le Chef de l'Etat reconnaît cependant qu'il y a un vrai problème de perception de notre politique notamment au sein des jeunes générations qui sont l'avenir du continent. Celles-ci ont l'image d'une France qui exploiterait à son seul profit les ressources du continent à travers des réseaux indéboulonnables. Même si cette perception est erronée, il faut en tenir compte et corriger ce qui peut être source de malentendus. Voilà pourquoi la France doit moderniser ses outils d'aide au développement pour soutenir en priorité le secteur privé.

Cette nouvelle politique africaine doit s'accompagner d'une révision systématique de nos accords de Défense et de la réduction de nos implantations militaires. La France doit aider à former des unités régionales africaines de maintien de la paix. Elle doit se garder d'intervenir dans des conflits internes et coopérer avec l'ONU, l'Union africaine et les organisations sous-régionales pour le règlement des conflits, « comme pour la défense et la promotion des principes que les Africains eux-mêmes ont adoptés : refus des coups d'Etat, affirmation de la démocratie et des droits de l'Homme. Notre rôle récent en Mauritanie en offre une parfaite illustration. »

C'est le même volontarisme qui doit marquer la politique européenne. La France était sur le banc de touche de l'Europe. « Du fait du référendum de 2005, mais pas seulement : notre pays en était resté à une pratique du jeu européen qui avait peut-être ses mérites il y a vingt ans, mais qui était en décalage par rapport aux réalités de l'Europe d'aujourd'hui. » Nicolas Sarkozy a voulu instaurer une collaboration étroite et confiante avec la Commission et son président, comme avec le Parlement européen, son président et les dirigeants des groupes parlementaires. Il a engagé un dialogue systématique avec tous nos partenaires : du Royaume-Uni aux pays d'Europe centrale et orientale. « Dans une Europe à 27, chacun doit pouvoir faire entendre sa voix, doit se sentir écouté et respecté. » C'est grâce à cette ouverture attentive qu'a pu être signé le Traité de Lisbonne.

La cinquième et dernière rupture annoncée par Nicolas Sarkozy concerne les droits de l'Homme. La France s'est engagée dans la recherche d'une solution au Darfour ; elle a aidé au déploiement de la force européenne sur la frontière du Tchad pour protéger des centaines de milliers de réfugiés et de déplacés. « Partout où les troupes françaises sont déployées en opérations, de l'Afghanistan à la Côte-d'Ivoire, du Liban au Kosovo, c'est bien pour y promouvoir la paix, la démocratie, les libertés ! » Le fait que la France collabore avec la Russie ou la Chine ne signifie pas qu'elle se désintéresse de la question essentielle des droits de l'Homme, « En me rendant à Moscou le 12 août pour obtenir l'arrêt des combats en Géorgie, n'est-ce pas le sort de dizaines de milliers d'hommes, de femmes et d'enfants qui était dans la balance ? Et je crois être le premier président français à avoir publiquement affirmé, devant mon homologue chinois, en conférence de presse, nos positions sur la peine de mort et la liberté des médias. Mais nous devons aborder ces sujets difficiles, et notamment celui des minorités, sur un mode qui conduit à des résultats tangibles et positifs, et non à une confrontation stérile. »

C'est ce réalisme qui a permis la libération des infirmières bulgares en négociant avec le colonel Kadhafi, comme à celle d'Ingrid Betancourt et de plusieurs otages de Colombie en parlant au président Uribe, mais aussi au président Chavez.

En conclusion, Nicolas Sarkozy a tracé un brillant panorama de l'état du monde.

La crise financière qui a débuté avec le scandale des *subprimes* montre les excès d'un capitalisme outrancier. Le coût de ces errements pour le système bancaire international sera à terme, selon le FMI, de l'ordre de 1.000 milliards de dollars. Le cœur du capitalisme mondial est atteint. L'explosion des prix des matières premières qui sont, globalement, à leur plus haut niveau depuis la Seconde Guerre mondiale a un effet récessif sur la croissance mondiale.

La pénurie des produits vivriers a eu des conséquences tragiques. Une trentaine de pays ont dû faire face à des émeutes de la faim, de Haïti à la Guinée. Nous sommes entrés, définitivement, dans l'ère de l'énergie rare et chère.

Les changements politiques ne sont pas moins importants. La Chine, la Russie et les pays émergents se sentent plus forts et développent un nouveau nationalisme. « Les pays émergents représentent désormais la moitié de la croissance mondiale. En 2007, la Chine a dépassé les Etats-Unis comme deuxième exportateur mondial. Alors que la population en âge de travailler des Etats-Unis, du Japon et de l'Union Européenne représente au total 500 millions de personnes, ce sont 2,3 milliards de travailleurs des pays émergents qui rentrent progressivement dans un marché du travail globalisé.

Forts de cette nouvelle donne économique, les pays émergents et la Russie veulent intégrer ce nouveau concert des grandes puissances, mais à leurs conditions. Le temps est révolu où l'Occident donnait seul le ton, servait de référence et imposait sa vision.»

A ces nouveaux défis, Nicolas Sarkozy suggère des réponses audacieuses. Il faut à la fois renforcer l'Europe, indispensable acteur global, et relancer avec détermination les initiatives sur la gouvernance mondiale. La réforme du Conseil de Sécurité doit être relancée et la France soutient le principe d'une solution intérimaire. La transformation du G8 en G13 ou, mieux, en G14 pour permettre la participation d'un pays arabe, est en bonne voie.

Le président français propose d'ouvrir les voies à un nouveau multilatéralisme. Depuis la fin de la Seconde Guerre mondiale, le nombre des Etats a quadruplé et celui des organisations internationales décuplé. Le système international est fragmenté et nulle part n'existe une vision d'ensemble. Il faut de nouvelles instances de réflexion et d'arbitrage capables de veiller à la cohérence d'ensemble du système multilatéral. Pour les questions de sécurité, c'est le Conseil de Sécurité élargi qui aura vocation à être l'organe de décision.

Pour les sujets économiques et les dossiers globaux, Nicolas Sarkozy propose le futur G13/G14 comme lieu informel mais efficace d'arbitrage, de mise en cohérence et d'impulsion.

Sur le dossier de la gouvernance mondiale du XXIème siècle, l'Union européenne peut être la référence et un acteur majeur solide.

« Encore faut-il que l'Union se montre digne de l'héritage reçu des pères fondateurs et qu'elle démontre à ses partenaires comme à ses citoyens qu'elle est capable d'ambition, de volonté et de vision.

Telle est la mission fondamentale que s'assigne la France à l'occasion de sa présidence.»

Avec sobriété et détermination, le président français a ainsi tracé les lignes de force d'une politique étrangère moderne et tournée vers l'avenir.

Pour l'appliquer, il conviendra aussi de moderniser avec constance les institutions de mise en œuvre de cette politique.

On consultera avec intérêt l'intégralité du discours du président de la République sur le site www.elysee.fr

DARCOS : UNE RENTREE SCOLAIRE VOLONTARISTE

29 août 2008

Il fut un temps où le ministre de l'Education nationale ne détenait aucun pouvoir réel de décision. Les syndicats du monde enseignant étaient si puissants qu'aucune décision ne pouvait être prise sans leur accord préalable. Les textes officiels n'étaient que la formulation de leurs désirs. Malheur à celui qui s'écartait de ce principe de soumission ! La condamnation syndicale valait sortie du gouvernement au prochain remaniement.

Progressivement, les choses ont changé. De nouveaux partenaires ont obligé le monde enseignant à sortir de son corporatisme. Avec la généralisation de l'éducation, les problèmes de l'école sont devenus ceux de la société. Les parents ont réclamé leur part du pouvoir dans l'école. Les élèves, hier sujets de l'univers scolaire, ont aspiré à en devenir les citoyens. Le pouvoir politique dispensateur des crédits ne s'est plus contenté de reconduire les yeux fermés les budgets. Il a souhaité orienter, apprécier le rapport entre les moyens investis et les résultats obtenus. La nouvelle génération des enseignants elle-même est sortie de sa coquille et a ouvert les yeux sur le monde qui l'entoure.

Tout ceci explique que le poids des syndicats de l'Education n'est plus ce qu'il était. Mais, par une sorte d'inertie, les ministres de l'Education continuaient à croire à sa toute-puissance.

Enfin Darcos vint.

Le nouveau ministre a parfaitement assimilé la nouvelle donne. Il respecte les syndicats mais n'en est pas l'esclave. Il définit la politique éducative en fonction des besoins de la

Nation et non à l'aune des revendications syndicales. C'est ce qui lui permet de réaliser une réforme audacieuse de l'école.

Les réformes en cours en cette rentrée 2008 sont d'une importance capitale. Elles visent à promouvoir une école plus juste qui fait progresser les libertés et les droits des élèves et de leurs familles.

La liberté des familles s'exprime dans la suppression de la carte scolaire c'est-à-dire dans le droit de pouvoir choisir l'établissement scolaire le mieux adapté. Les demandes de dérogation ont progressé de 17% cette année ; elles ont été satisfaites dans 88% des cas et le nombre d'élèves boursiers ayant obtenu l'affectation qu'ils sollicitaient a progressé de plus de 30%.

A la demande du ministre, le Parlement a adopté une loi qui impose la continuité absolue de l'accueil des enfants dans les écoles en cas d'absence de leurs professeurs, y compris les jours de grève où l'Etat financera l'organisation par les communes d'un dispositif d'accueil approprié.

Pour mieux assurer l'égalité de tous devant l'école, des stages gratuits de soutien scolaire et de remise à niveau sont organisés pour les élèves en difficulté des classes de CM1 et de CM2 - rien que cet été, ces stages ont accueilli près de 115 000 élèves volontaires. Devant le succès de ce dispositif voulu par le président de la République, ce soutien a été étendu aux lycées en difficulté. Près de 6 000 lycéens volontaires issus de quelque 200 lycées réputés difficiles ont pu en bénéficier au mois d'août.

Des enquêtes montraient de façon concordante qu'une proportion très importante d'élèves, de l'ordre de 15 à 20%, sortait de l'école primaire avec de graves lacunes dans la maîtrise de la lecture, de l'écriture et du calcul. C'est pourquoi l'accent a été mis sur ces apprentissages fondamentaux.

Jusqu'à présent, plus d'un élève sur deux quittait son parcours de formation après le BEP sans poursuivre jusqu'au baccalauréat professionnel. Avec la généralisation progressive de la préparation du baccalauréat professionnel en 3 ans, les élèves pourront s'engager dans des parcours de formation et plus cohérents, dans lesquels ils seront mieux guidés vers leur future insertion professionnelle ou vers une formation complémentaire de l'enseignement supérieur.

La réforme du lycée donnera plus d'autonomie et de responsabilité pour les élèves, moins de rigidité dans l'organisation des cursus, plus de spécialisation pour ceux qui le souhaitent.

Affranchie des contraintes du corporatisme, l'éducation retrouve, sous l'impulsion de Xavier Darcos, les chemins de la modernisation dans le respect de tous les partenaires du monde éducatif et notamment des enseignants.

LA SOLIDARITE ACTIVE

1er septembre 2008

A partir de juillet 2009, le Revenu de solidarité active sera versé chaque mois par les caisses d'Allocations familiales aux personnes en situation de pauvreté et d'exclusion. Les bénéficiaires seront les salariés à temps partiel au Smic (2 millions de personnes), les Rmistes actuels (1,13 million de personnes), les titulaires de l'Allocation parent isolé (217 500 personnes) et les personnes qui retrouvent un travail si elles sont embauchées à un salaire mensuel inférieur à environ 1050 euros nets.

L'idée de cette allocation est d'offrir à tous un minimum de revenus et d'encourager les personnes à accepter un travail en évitant la perte d'argent au moment du retour au travail. Le Revenu de solidarité active encourage le travail et facilite le retour à l'emploi. Il réduit le nombre de travailleurs pauvres. Il garantit que tout retour au travail donne lieu à une augmentation de revenu et que toute augmentation des revenus du travail se traduit par une vraie amélioration des ressources des familles. Une personne qui n'a pas de revenu du travail continuera de toucher comme actuellement l'équivalent du RMI. C'est le RSA à taux plein, parce qu'il n'y a pas d'autres revenus. Une personne qui a de faibles revenus du travail, qu'elle soit ou non passée par le RMI, bénéficiera également du RSA, comme complément de revenu, dégressif au fur et à mesure que ses revenus du travail augmenteront.

Le principe du RSA est bon puisqu'il vise à inciter à la reprise du travail. En revanche les modalités de son financement ont ouvert la controverse. En effet, si pour 7 milliards d'euros le RSA sera financé par les moyens existants, les dépenses supplémentaires engendrées-à hauteur de 1,5 milliard d'euros- seront financées par une nouvelle taxe de 1,1 % sur les revenus de l'épargne. Une fois de plus, le taux des prélèvements obligatoires s'accroît dans notre société.

La présidente du Medef Laurence Parisot s'est montrée critique face à une "multiplication de primes", décidées dans l'urgence et financées par les entreprises. Elle s'est ainsi interrogée sur l'opportunité d'une taxe "en plus" pour financer la "bonne idée" du Revenu de solidarité active (RSA). Selon elle, il faut "sortir de cette manie française qui consiste, face à tout sujet, à dire : on crée une taxe en plus", jugeant le taux d'imposition en France "à peine supportable"."La seule chose qui peut aider les salariés à avoir plus de pouvoir d'achat, c'est une croissance économique forte de notre pays. Selon elle, le problème n'est pas seulement le mauvais chiffre du PIB français du deuxième trimestre (-0,3%), négatif pour la première fois depuis près de six ans, mais aussi la faible croissance des trimestres précédents."Cela fait plusieurs années qu'on a un taux de croissance inférieur à nos partenaires. Il reste en moyenne inférieur à 2-2,5%, alors qu'on sait qu'on élève le niveau de vie des gens à partir d'une croissance de 2,5%", a-t-elle ajouté.

Nicolas Sarkozy a justifié sa décision en insistant sur la "révolution complète" opérée par le RSA, qui va permettre à une personne qui reprend un travail de conserver une partie de son allocation ou aux travailleurs "pauvres" de percevoir un complément à leur salaire."Je ne mettrai pas un centime pour financer l'assistanat. J'ai été élu sur une promesse: récompenser le travail", a rappelé Nicolas Sarkozy."J'ajoute qu'à la différence du RMI, où il n'y a aucune obligation, avec le RSA on sera obligé de prendre du travail, et ceux qui refuseront deux offres d'emploi ou de formation seront pénalisés", a-t-il déclaré. "C'est la logique des droits et des devoirs ; ça ne doit surprendre personne ; c'est toujours ce que j'ai dit ; c'est toujours ce à quoi j'ai cru".

Et le président de la république a insisté sur la nécessité de respecter un certain équilibre social. "J'ai beaucoup fait pour le développement économique de la France. On a supprimé les droits de succession, on a permis la défiscalisation de l'ISF pour les entreprises ; on a fait le bouclier fiscal. Il est normal que les revenus du capital puissent aider (...) à ce que les exclus retrouvent du travail. S'il y a de l'argent pour le haut, il doit aussi y avoir de l'argent pour le bas, pour soutenir le revenu de ceux qui font l'effort de se lever chaque matin. J'assume.", a soutenu le président.

En réalité, le succès ou l'échec de l'institution du RSA dépendra de trois facteurs.

Il faudra d'abord veiller à la simplification du processus et à éviter qu'il ne sombre dans le technocratique.

Il conviendra également de pourchasser les fraudes et les déviations qui pourraient survenir.

Il faudra enfin éviter les dérapages financiers qui conduiraient chaque année à augmenter le taux du prélèvement sur les revenus du capital.

Il est prouvé que chaque fois que l'on augmente les seuils des aides, on accroît le nombre des « pauvres » ou des « assistés ». C'est dire qu'il conviendra dans l'application d'insister sur la conjonction de l'activité et de la solidarité.

LE DUEL MC CAIN-OBAMA

4 septembre 2008

Ainsi John Mc Cain, sénateur de l'Arizona, est officiellement le candidat républicain à l'élection américaine, dont le scrutin aura lieu le 4 novembre prochain. C'est un anti-Obama que le parti de George Bush a choisi pour affronter le candidat démocrate.

Mc Cain se veut un homme ancré dans la tradition, dans l'Amérique profonde. Obama veut incarner la mutation, l'évolution vers des Etats-Unis modernes et décomplexés.

Mc Cain se targue d'être conservateur des valeurs civiques et familiales tandis qu'Obama est le favori des partisans de l'évolution des mœurs.

Chacun des candidats apporte sa dose de clins d'œil aux « minorités visibles ». Obama, s'il est élu, sera le premier président noir. En revanche, si Mc Cain est élu, pour la première fois une femme, sa colistière Sarah Palin, figurera dans le couple exécutif.

Mc Cain a une longue expérience politique dans la direction exécutive des affaires publiques. Obama, lui, a la seule pratique du législatif sénatorial.

Mc Cain incarne les valeurs patriotiques profondes. Héros de la guerre du Vietnam, il défend la puissance de son pays. Obama cherche à jouer la carte d'un pays ouvert et pacifique.

Avec emphase, Sarah Palin a déclaré à la convention républicaine de Saint-Paul : "En politique, il y a des candidats qui utilisent le changement pour promouvoir leur carrière. Et il y en a d'autres, comme John Mc Cain, qui utilisent leur carrière pour promouvoir le changement». Et pour mieux critiquer Obama qui est le chouchou des médias, elle a affirmé qu'elle n'irait pas à Washington pour rechercher l'approbation des médias mais "pour servir le peuple de ce pays".

Deux Amériques se font maintenant face. Les Etats-Unis comme tous les peuples hésitent entre la continuité et le changement. Clinton et Bush ont été tour à tour les chefs de file de chacun de ces courants. C'est, à présent, au tour d'Obama et de Mc Cain de tenter de faire triompher leur credo devant le peuple.

LE SERVICE PUBLIC ET LA POSTE

5 septembre 2008

Une controverse partage aujourd'hui la classe politique. La Poste doit-elle conserver son statut de service public ou doit-on la privatiser ? Une occasion de se pencher sur le sens et la fonction des services publics.

Sous des dénominations diverses, il existe dans tous les pays des services permettant de répondre aux besoins collectifs. Le service public français répond à cette exigence. La construction européenne libérale a cherché à donner une traduction différente à cette réalité à travers la notion de service universel.

La politique n'est pas étrangère à ce débat.

Deux courants idéologiques, le libéralisme et le socialisme, se combattent.. Le premier est favorable à la réduction des services publics. Le second souhaite leur extension. Mais chacun admet cependant que certains services sont nécessairement publics.

Il reste alors deux problèmes à trancher. Quels services ? Gérés dans quelles conditions ?

I - QUELS SERVICES ?

La réponse démocratique est simple. Sont des services publics ceux que les représentants du peuple ont estimé, à un moment donné, essentiels pour répondre aux besoins exprimés par la population. Ainsi est marqué le caractère contingent des services publics : les besoins collectifs évoluent et les services rendus par la collectivité changent corrélativement. Ainsi s'exprime aussi la prise en charge politique de la décision de vie et de mort sur le service public. Telle est la théorie, mais la pratique constatée s'en éloigne considérablement.

Au point de vue de la décision tout d'abord. Le processus de création du service public ne repose pas toujours, loin s'en faut, sur une décision claire et ordonnée du pouvoir politique. L'administration sécrète ses services comme une couche calcaire qui se surajoute aux strates existantes. Chaque service lance ses pseudopodes et ces branches acquièrent leur autonomie sans que nul concepteur préside à leur fécondation.

Le simple constat des services publics existants est rarement effectué. Il s'agit d'un recensement où les dédoublements, les fantômes, les enfants naturels ou adultérins sont si nombreux que la puissance publique a du mal à reconnaître ses propres limites. Et pourtant un tel recensement est essentiel pour que la collectivité ne soit pas écrasée par sa propre architecture.

Un tel recensement s'impose d'autant plus que l'Etat qui donne la vie devrait aussi pouvoir euthanasier ses propres services lorsqu'ils sont devenus obsolètes, incapables d'assurer leur mission ou, plus simplement, oppressifs pour ceux qu'ils prétendent servir. Or, l'État -incapable de reconnaître son propre domaine- est de ce fait inapte à lui donner une délimitation conforme aux exigences du corps social. Les services se maintiennent assurant leur propre survie, se reproduisant tel un cancer qui ronge le corps social.

Il ne manque pas de forces qui poussent en ce sens : fonctionnaires luttant pour la survie de leur entreprise, groupes de pression qui contrôlent ces pseudopodes qui ne veulent pas voir disparaître leur raison d'être : des intérêts particuliers qui se déguisent en défenseurs de l'intérêt général.

Aucun État organisé ne peut se passer pourtant de cette évaluation permanente de la nécessité des services publics pour prendre dans des conditions éclairées, sous le regard et le contrôle de l'opinion publique, les décisions de création ou de suppression qui s'imposent.

II - GÉRÉS DANS QUELLES CONDITIONS ?

Les services publics sont au service des citoyens, banalité qui exprime que ces services doivent satisfaire les besoins exprimés dans le respect des règles démocratiques.

La conception française résume ces exigences dans les concepts de continuité, d'égalité et d'évolution censés résumer l'étiage des exigences que les services doivent satisfaire.

Mais, là encore, l'évaluation du degré de satisfaction réelle des citoyens n'est guère appréciée. Si on voit apparaître des sondages destinés à mesurer le degré de satisfaction du public, l'administration n'a guère mis au point ses propres instruments de mesure de l'adéquation entre la vocation affirmée -le service de l'intérêt général- et l'action réalisée.

Ce bilan coûts-avantages s'impose pourtant dans tous les domaines de l'action administrative pour éviter que, sous le couvert du service public, l'inflation administrative ne progresse et ne s'amplifie.

Cette évaluation s'impose également à tout instant pour mesurer les avantages et inconvénients respectifs de la gestion publique et de la gestion privée, non pour imposer une doctrine mais pour prendre des décisions éclairées qui répondront aux exigences de l'heure. Lorsque dans l'avant-guerre les chemins de fer furent nationalisés en France, c'est parce que les réseaux privés morcelés et mal gérés ne permettaient pas de répondre aux attentes du public. Cette gestion s'impose-t-elle aujourd'hui et la réponse peut-elle être la même en France et en Grande-Bretagne où l'état du réseau privatisé ressemble à celui de la France de 1936 ?

Les audits évaluatifs doivent apporter les réponses qui permettront au pouvoir politique de prendre des décisions éclairées.

Le service public ne doit plus être un pavillon de complaisance mais, plus simplement, l'étendard de besoins collectifs assumés dans l'excellence.

Et j'en reviens à la question de la Poste : plutôt qu'une réponse abstraite et doctrinale au problème du statut, je préfère que l'on se décide en fonction des besoins et des attentes des citoyens.

QUELLE COMPAGNIE SUR UNE ILE DESERTE ?

7 septembre 2008

Pour dresser le portrait psychologique d'un individu, il est de coutume de lui poser cette question. « Si vous deviez vivre sur une île déserte, qui ou quoi emmèneriez-vous ? ». Les intellectuels préfèrent partir avec un livre, les buveurs avec une bouteille de champagne ou de whisky, les égrillards avec une playmate. Il manquait une étude scientifique pour déterminer le vœu dominant.

Elle est, à présent, réalisée grâce à un sondage.

Quelque 1.105 propriétaires d'animaux ont été interrogés par Petplan, qui vend des assurances santé pour chiens et chats. Et la réponse est particulièrement instructive : c'est l'animal qui est le meilleur compagnon de l'homme sur une île déserte. - Plus de deux Américains sur trois préféreraient être envoyés sur une île déserte avec leur animal de compagnie plutôt qu'avec leur partenaire.

Cette enquête indique également que plus de la moitié des sondés organisent des fêtes pour leur animal, que près de 70% partagent leur lit avec lui, que 63% lui font la cuisine et que 68% l'habillent. Les Américains ont dépensé environ 48 milliards de dollars pour leurs animaux de compagnie en 2007.

Il reste que l'on ne choisit pas lorsque l'on échoue sur une île déserte. Imaginez que Ségolène Royal se retrouve avec François Hollande, Jean-Marie Le Pen avec Olivier Besancenot ou François Bayrou avec Nicolas Sarkozy. L'île serait déjà divisée contre elle-même.

LE PARTI SOCIALISTE DEBOUSSOLE

9 septembre 2008

Laurent Fabius, interrogé sur RTL, a estimé que le parti socialiste est "malade" pour trois raisons. Selon lui, la direction est une "pétaudière", les propositions ne sont "pas assez crédibles" et le parti a besoin d'une "stratégie claire de gauche décomplexée".
Analysons les causes de cette maladie.

LE PS UNE PETAUDIERE

Après douze ans de gouvernement Hollande, le parti socialiste est à la recherche d'un nouveau leader. Et on se bouscule au portillon parce que les compétiteurs savent que celui qui sera choisi aura de grandes chances d'être le porte-flambeau du PS lors des prochaines présidentielles.

A l'heure actuelle, la description de Laurent Fabius est exacte puisque aucun courant majoritaire ne se dessine. Il y a à ce jour trois principaux postulants à la succession de François Hollande : Ségolène Royal, Bertrand Delanoë et Martine Aubry. Ils oscillent entre un pic de 25% et un étiage de 20%.C'est dire que chacun est à la recherche d'alliances même contre nature et que cela fait désordre. Mais cette pétaudière n'est pas inhabituelle. C'est sur une même base dispersée que François Mitterrand a rebâti le PS.

Nous sommes donc dans une situation transitoire et les belligérants finiront bien par se découvrir un chef.

DES PROPOSITIONS PAS ASSEZ CREDIBLES

Sur ce point, Laurent Fabius est dans le vrai. Qui peut croire au tableau apocalyptique de la France qu'a dressé à La Rochelle François Hollande ? « Diplomatie brouillonne »,

« déclassement économique, social et moral », « manquements à la laïcité », « sanctuarisation des gros patrimoines », « paupérisation du service public », « mainmise de l'État sur les médias »... « Voilà la France, un an après l'élection de Nicolas Sarkozy : déclassée, divisée, désespérée. »

Bigre ! On pouvait penser qu'après ce constat accablant François Hollande présenterait des propositions solides. Au lieu de cela, on ne trouve que des réflexions brouillonnes sur un nouvel Etat-providence dont on voit mal la place dans la société internationale actuelle.

Le PS est à l'évidence en panne idéologique. Mais il l'est parce qu'il est à la recherche de son nord.

UNE STRATEGIE CLAIRE DE GAUCHE DECOMPLEXEE

Ce nord pour Laurent Fabius, c'est un ancrage à gauche sans complexes. Mais, sur ce point, les violons du PS sont désaccordés. Ségolène Royal recherche l'alliance avec le centre, Bertrand Delanoë se proclame libéral et Dominique Strauss-Kahn incarne le courant réformateur.

Or, tout se tient : comment le PS peut-il refaire son unité, afficher des positions crédibles s'il donne l'impression d'avoir perdu sa boussole ? C'est dire qu'il faudra encore beaucoup de travail au parti socialiste pour retrouver une crédibilité nationale.

L'OURAGAN EDVIGE

10 septembre 2008

Avec un nom qui ressemble à celui d'un ouragan, le fichier EDVIGE (Exploitation documentaire et valorisation de l'information générale) est en voie de déclencher un véritable tsunami.

DE QUOI S'AGIT-IL ?

Un décret du 27 juin 2008 autorise le ministère de l'Intérieur à mettre en place une nouvelle base de données intitulée "Edvige" afin de collecter toute une série d'informations notamment sur certaines personnes publiques (politiques, syndicales, religieuses) ou encore sur certains individus (ou groupes) "susceptibles de porter atteinte à l'ordre public".

Collectées en vue d'informer le gouvernement et ses représentants dans les départements et les collectivités, ces données sont enregistrées sur fichiers. Les données enregistrées concernent les personnes âgées de 13 ans et plus. Elles contiennent les éléments suivants :

- informations ayant trait à l'état civil et à la profession ;

- adresses physiques, numéros de téléphone et adresses électroniques ;

- signes physiques particuliers et objectifs, photographies et comportement ;

- titres d'identité ;

- immatriculation des véhicules ;

- informations fiscales et patrimoniales ; déplacements et antécédents judiciaires ; motif de l'enregistrement des données ;

- données relatives à l'environnement de la personne, notamment à celles entretenant ou ayant entretenu des relations directes et non fortuites avec elle.

L'enregistrement des données est toutefois plus limité pour les personnalités publiques, l'enregistrement de données relatives aux comportements ou aux déplacements ne les touchant pas.

POURQUOI CE DECRET ?

Il ne faut pas imaginer que ces données n'étaient pas stockées jusqu'ici. Les renseignements généraux et les services de police et de gendarmerie collectaient jusqu'ici plus ou moins légalement des données. Mais le souci de protéger les libertés publiques et l'institution de la Commission informatique et Libertés imposaient de faire passer le statut des fichiers de l'informel au formel avec le résultat paradoxal d'ouvrir les portes de la contestation. Ce qui était caché est, en effet, devenu transparent.

OU EN EST-ON LEGALEMENT ?

Théoriquement, le décret est publié et applicable. Cependant, différentes organisations de défense des droits de l'homme ont formé un recours en annulation en estimant que ce décret qui restreint les libertés publiques est contraire à la Constitution. Les mesures qu'il contient relèveraient selon les auteurs du domaine de la loi. Le recours, si le décret n'est pas rapporté avant, devrait être jugé au mois de décembre 2008.

LES POINTS DE CONTESTATION

MELANGE DES RESPONSABLES POLITIQUES ET SYNDICAUX ET DES DELINQUANTS. C'est une erreur d'avoir mis dans un même texte des personnes visées par des objectifs différents. Pour les responsables politiques et syndicaux, l'objectif est de donner une connaissance aux autorités de l'establishment de la société. Pour les personnes susceptibles de troubler l'ordre et la sécurité, le but recherché est de prévenir et de réprimer la délinquance : étonnant mélange de la carpe et du lapin.

CARACTERE PERMANENT DU STOCKAGE DES DONNEES. Il n'y a pas de droit à l'oubli. Chacun continuera à être suivi *ad infinitum* par son passé. Ceci est choquant, d'autant plus que le fichage est permis dès l'âge de treize ans.

COLLECTE D'ELEMENTS RELATIFS A LA SANTE ET A L'ORIENTATION SEXUELLE. Il s'agit là d'une intrusion inadmissible dans les éléments les plus intimes de la vie privée.

UNE CONTESTATION EN PARTIE JUSTIFIEE

Les progrès de l'informatique justifient certaines des inquiétudes. Bien que les fonctionnaires ayant accès au fichier soient assez strictement définis, il est évident que dès lors que des renseignements seront numérisés ils finiront par être publiés. Il est donc normal d'être vigilant et plus restrictif qu'on ne l'était à l'époque du traitement manuel. C'est pourquoi le mouvement de protestation a eu un grand écho dans l'opinion.

Le Chef de l'Etat a donc organisé une réunion à l'Elysée au cours de laquelle il a demandé à Michèle Alliot-Marie «d'ouvrir rapidement une concertation avec des personnes qualifiées». Cette concertation "sera suivie de décisions pour protéger les libertés."

FISCALITE A TOUT VA

20 septembre 2008

Il ne se passe pas une semaine sans qu'un ministre ne vienne proposer une taxe ou un impôt nouveaux. Ces derniers jours ont été fertiles en ouvertures de toutes sortes. Après une réforme du bonus, malus, un membre du gouvernement a proposé une taxe « pique-nique » tandis qu'un autre envisageait tout à fait sérieusement une taxe sur les couches-culottes. N'oublions pas également qu'une taxe est envisagée pour financer l'abandon de la publicité sur les chaînes publiques tandis qu'une autre s'annonce pour permettre la création du Revenu de solidarité active.

Et dire que toutes ces mesures sont proposées par une majorité libérale qui a promis de réduire les prélèvements obligatoires !

S'il en est ainsi, c'est sans doute qu'il existe des tendances lourdes dans notre société qui, au-delà des clivages politiques, poussent en ce sens.

La première raison réside dans la préférence donnée en tous domaines à la répression sur l'éducation. Je n'en donnerai qu'un exemple frappant. Si le ministre Borloo propose une taxe pique-nique sur les produits jetables, c'est pour permettre la dépollution de l'environnement souillé par l'abandon sur les sites touristiques des assiettes en papier et autres reliefs des banquets campagnards : projet louable. Mais pourquoi ne pas faire plutôt une campagne d'éducation pour que les citoyens respectent l'environnement ? J'ai le souvenir que, lorsque mes enfants étaient plus jeunes, nous nous étions fixé comme principe lorsque nous pique-niquions non seulement d'emporter les reliefs de notre repas mais aussi ceux abandonnés par nos prédécesseurs sur les lieux.

La seconde raison de la prolifération des taxes réside dans la parcellisation de notre société : chaque groupe social souhaite une taxe pour permettre la satisfaction de ses objectifs. J'entends à l'heure actuelle parler de fiscalité écologique. Ce terme est à lui seul une aberration. L'écologie est un des objectifs de l'Etat et elle doit être financée dans le cadre du budget général. Sinon pourquoi ne pas parler de fiscalité éducative, militaire, industrielle ou autre ?

La fiscalité sectorielle est, en réalité, un signe de la maladie de l'Etat incapable de se réformer, de réviser ses dépenses. C'est une solution de facilité pour se détourner du vrai problème : utiliser les ressources fiscales existantes pour permettre la réalisation de tous les objectifs sociaux.

Il existait dans les finances publiques classiques un grand principe : la non-affectation des recettes aux dépenses. Des recettes indifférenciées doivent contribuer à financer toutes les dépenses de la collectivité, sinon on en viendra à la taxe sur les couches-culottes et pourquoi pas à la taxe sur la quantité d'air que nous respirons chaque jour !

ELECTION AMERICAINE A BON PORC

24 septembre 2008

Un récent échange a quelque peu égayé le débat présidentiel américain.

Sarah Palin s'étant comparée à « un pitt-bull avec du rouge à lèvres », Barack Obama lui a répondu :» Vous pouvez mettre du rouge à lèvres à un cochon, il reste un cochon. » Voila un langage bien cru de la part de gens bons. La campagne présidentielle américaine va de mal en pig. On suggérera aux candidats de ne plus faire de promesses vaines car cochon qui s'en dédit.

Lorsque l'on se présente à une telle compétition, rien ne sert de courir, il suffit d'arriver à bon porc.

LE LIBERALISME ET LA SOUVERAINETE DE L'ETAT

25 septembre 2008

Etre libéral c'est croire à la supériorité de l'initiative individuelle sur l'étatisme ; c'est admettre que les libertés sont plus efficaces que les contraintes ; c'est n'admettre l'intervention de l'Etat que lorsqu'elle est absolument nécessaire.

Mais être libéral c'est aussi ne pas admettre la loi de la jungle où les puissants imposeraient leur loi aux faibles. La volonté collective s'exprime à travers la loi qui fixe le cadre de toutes les activités humaines y compris dans le domaine économique.

La crise financière née aux Etats-Unis n'est pas une crise du libéralisme mais la conséquence d'un laxisme coupable. Des banques ont prêté dans l'immobilier des sommes considérables à des emprunteurs peu solides. Elles ont mis sur le marché ces centaines de milliers de créances douteuses jusqu'au jour où, à force de charger la barque, celle-ci a coulé. Pour éviter la faillite du système, l'Etat américain a donc dû se porter au secours des entreprises qui ont fauté non pour les nationaliser durablement mais pour les revitaliser.

Ce qui est en cause ici ce n'est pas le libéralisme mais des déviations condamnables.

Il est vrai que, dans un marché devenu fou, il pouvait apparaître plus rentable de jouer en Bourse que d'investir son argent dans une entreprise, plus lucratif de spéculer sur le cours des matières premières que de produire des denrées agricoles.

Sans négliger le rôle utile de la Bourse, rappelons tout de même que la production est toujours préférable à la spéculation.

La souveraineté de l'Etat doit fixer les règles du jeu.

Le libéralisme n'est pas une pétaudière.

LA CRISE MONDIALE, L'AUTORITE ET LA CONFIANCE

30 septembre 2008

Alors que la crise économique mondiale s'amplifie, que les banques s'effondrent les unes après les autres comme des châteaux de cartes, le monde capitaliste paraît vaciller sur ses fondations et s'effriter comme il y a moins de vingt années le système communiste. Chacun est alors tenté de donner une clé d'explication unique au désordre financier. Mais, en réalité, c'est une conjonction de facteurs qui a généré la situation présente.

Les Etats les plus atteints par la crise sont ceux qui ont tout misé sur les activités financières au détriment des activités de production. Ils ont ainsi non seulement laissé se créer d'immenses poches de déficit commercial mais ils ont aussi succombé aux facilités monétaires ou de crédit. Par définition, l'immatériel est plus artificiel que la production industrielle et plus susceptible de manipulations ou de laxisme. Les Etats-Unis financent leur gigantesque déficit commercial par la création monétaire débridée et les excès du crédit. Les pays européens- et en premier la France- maintiennent un niveau de vie au-dessus de leurs moyens par l'accroissement des déficits publics.

C'est dire que les purges nécessaires ne portent pas seulement sur les ajustements bancaires. Elles concernent des bases essentielles de nos sociétés et, de ce fait, ne seront pas facilement acceptées par les opinions publiques.

Maintenir des activités productives dans les sociétés très développées supposerait que les travailleurs supportent des réductions drastiques de leurs salaires afin d'éviter les délocalisations. On voit mal, en l'état présent, des gouvernants disposer d'une force suffisante pour supporter le choc politique de telles décisions. On entrera dès lors dans une phase de déclin progressif du monde développé face aux puissances émergentes. On a cru que la puissance financière était plus décisive que la force des bras. La revanche des muscles sur le papier monétaire marquera les prochaines décennies.

La crise actuelle impose que l'on repense également les bases idéologiques de nos pouvoirs politiques. L'euphorie économique nous a fait perdre de vue la nécessaire fonction régulatrice de l'Etat. L'autorité de l'Etat- qu'il ne faut pas confondre avec l'accaparement par la puissance publique des entreprises économiques-doit s'exercer pleinement sur le secteur économique. Or, même nos sociétés libérales ont perdu de vue cette nécessité. Elles ont laissé se développer des administrations lourdes mais peu efficaces et l'autorité de l'Etat se diluer. On peut même dire que le pouvoir politique, noyé dans sa propre bureaucratie, se révèle incapable d'exercer sa fonction de régulateur suprême de la société, d'une société où l'Etat ne dépend pas des banques mais où ce sont celles-ci qui doivent respecter la politique de l'Etat.

Mais, pour que cette autorité renouvelée de l'Etat puisse être supportée, il est nécessaire que les politiques transforment leurs types de relations avec les citoyens : une plus grande transparence, une meilleure définition des objectifs, préférer la réflexion sur les finalités au pragmatisme du quotidien, une pratique démocratique de l'autorité, expliquer et faire comprendre plutôt que réprimer et utiliser la force de la décision exécutoire.

C'est à ce prix que de la tourmente actuelle pourra naître une nouvelle confiance des citoyens à l'égard des pouvoirs politiques.

ARCHEOLOGIE JUDICIAIRE : L'AFFAIRE DES ECOUTES DE L'ELYSEE

1er octobre 2008

Il aura fallu vingt-six ans à la Justice pour régler définitivement l'affaire des écoutes illégales ordonnées par l'Elysée sous le premier septennat de François Mitterrand. La Cour de cassation a en effet confirmé le 30 septembre 2008 les condamnations des six prévenus qui, mécontents de devoir indemniser les victimes de leur poche, s'étaient pourvus en cassation.

On se rappellera, peut-être, qu'entre 1983 et 1986, plusieurs personnalités notamment l'écrivain Jean-Edern Hallier, l'actrice Carole Bouquet, le journaliste Edwy Plenel, avaient été écoutées illégalement par la cellule de l'Elysée. Parmi les auteurs de ce grave méfait, figuraient plusieurs anciens collaborateurs du Chef de l'Etat, notamment son ancien directeur de cabinet Gilles Menage, les gendarmes Barril et Prouteau, ex-responsables de la cellule de l'Elysée. La cour a reconnu définitivement qu'ils étaient responsables à titre personnel de ces écoutes et qu'ils devaient donc payer eux-mêmes les frais d'avocats et les dommages et intérêts des victimes. Les sanctions pénales, étonnamment clémentes ont été, quant à elles, définitivement fixées en appel. Aucun des protagonistes n'a été condamné à plus de huit mois de prison et à 5000 euros d'amende.

Dans une affaire aussi grave pour les libertés publiques, il est anormal qu'il ait fallu autant de temps pour vider le contentieux. L'affaire appartenait il y a vingt-six ans à l'actualité judiciaire. Elle relève aujourd'hui de l'archéologie. Elle n'intéresse plus grand monde. Le Président de la

République qui avait ordonné les écoutes et plusieurs protagonistes sont morts.

La question mérite d'être posée.

A-t-on exactement mesuré le poids des armes dont dispose le pouvoir politique pour étouffer ou retarder le jugement des affaires embarrassantes ?

REFORMER LA CARTE ADMINISTRATIVE

2 octobre 2008

La décentralisation a pour but de rapprocher l'administration des administrés. Mais la carte administrative de la France est si complexe que cet objectif louable est mal atteint. La France compte 26 régions, 100 départements, 36 000 communes et 18 000 groupements intercommunaux. Dans son discours de Toulon du 25 septembre 2008, Nicolas Sarkozy a justement estimé : « Le moment est venu de poser la question du nombre des échelons de collectivités locales dont le nombre et l'enchevêtrement des compétences sont une source d'inefficacité et de dépenses supplémentaires ». Et le président de la République a annoncé une réforme de nos échelons territoriaux.

Les Français ne se reconnaissent plus dans cette carte administrative si complexe que même les spécialistes éprouvent de la difficulté à dire qui fait quoi. Cette superposition de structures est génératrice de dépenses inutiles. Que l'on pense à la gabegie qui a conduit à construire dans la même ville deux immenses bâtiments, l'un destiné à la région et l'autre au département avec leurs centaines de fonctionnaires attachés ! En fait de décentralisation, on a créé des bureaucraties lourdes et souvent inefficaces.

Les voies de la réforme sont pourtant étroites. Les Français sont attachés à leur vie communale et les départements sont enracinés dans leur histoire. Le lobby des élus locaux et des prébendiers qui les entourent est puissant. Pourtant, le fruit est mûr.

Chacun est convaincu que nos régions sont trop petites et qu'elles gagneraient à se regrouper. Quelques ajustements de départements sont également envisageables. De façon plus audacieuse, les assemblées régionales et départementales pourraient être, dans certaines conditions, rassemblées. Il restera, enfin, à se demander si les administrations centrales ont bien tiré les conséquences de la décentralisation et si elles ne doivent pas également subir une cure d'amaigrissement.

Voilà un vaste chantier mais il est la suite logique de la réforme constitutionnelle. Après avoir effectué l'aggiornamento du cerveau, il convient, à présent, de moderniser les bras du pouvoir.

LE PARTI SOCIALISTE ENTRE IMPLOSION ET COURANTS D'AIR

7 décembre 2008

Après l'affrontement dramatique de Martine Aubry et de Ségolène Royal deux voies étaient possibles pour le Parti socialiste soit la persistance de l'affrontement, soit la réconciliation .Pour l'heure on est plus proche de la première option. Le PS oscille entre implosion et démembrement en courants.

L'IMPOSSIBLE RECONCILIATION

"J'ai fait à Ségolène Royal des propositions fortes pour qu'elle puisse, dans la logique de ce qu'elle a défendu", accepter "un texte pour la rénovation du parti et même faire figurer dans la direction certains de ses amis", avait déclaré Martine Aubry .Mais, cette affirmation de portée médiatique ne correspondait pas aux intérêts bien compris des deux protagonistes.

Les courants qui avaient poussé en avant Martine Aubry ne souhaitaient pas que Ségolène Royal et ses partisans investissent les rangs de « leur »parti. Les amis de Ségolène Royal qui ne croyaient pas à la sincérité de l'élection de Martine Aubry n'avaient aucun intérêt à conforter sa position.

LES TERRAINS D'AFFRONTEMENT

Le courant royaliste exigeait en prime de son ralliement le poste de numéro deux du parti et la présidence de la fédération des élus socialiste .Les amis de Martine Aubry craignaient de voir leurs positions grignotées par la montée en puissance des royalistes.

Pour conduire Ségolène Royal à la rupture, ils ont donc agité le chiffon rouge du Modem. En insérant dans le texte d'orientation le refus d'alliance avec le mouvement de François Bayrou, ils bloquaient ainsi toute possibilité d'accord.

LE PS DIVISE EN DEUX

En refusant tout accord Martine Aubry et ses partisans ont fragilisé le parti. C'est ainsi la moitié de ses adhérents qui est exclue des instances dirigeantes. Comme le soutiennent deux des amis de la présidente de Poitou-Charentes, Vincent Peillon et Manuel Valls: «il y a sans doute un «tout sauf Ségolène Royal», il y a malheureusement «un tout sauf la moitié des militants socialistes».Et Vincent Peillon d'ajouter : "La volonté était clairement de nous exclure de la direction du Parti socialiste. La porte est bien fermée".

COURANTS ET COURANTS D'AIR

Martine Aubry n'est pas seulement menacée par la dissidence royaliste. Elle a du également accepter un compromis avec tous les autres courants du parti et notamment sceller une alliance avec le maire de Paris et l'aile gauche menée par Benoît Hamon. Si Bertrand Delanoë, traumatisé par son échec, ne siège plus dans les instances dirigeantes, ses partisans y figurent en bonne place. Neuf des proches de Benoit Hamon sont cooptés dans la direction, comme, l'ancien président du syndicat étudiant Unef, Bruno Julliard, chargé de l'éducation, ou l'ancien président du Mouvement des jeunes socialistes(MJS) Razzy Hammadi, chargé des services publics. Plusieurs proches de Laurent Fabius sont nommés (Guillaume Bachelay à l'industrie, Laurence Rossignol à l'environnement) Les partisans de Dominique Strauss-Kahn comme Jean-Christophe Cambadélis, ne sont pas davantage oubliés. Le pouvoir de Martine Aubry est ainsi sérieusement encadré par les représentants des barons du parti.

ET MAINTENANT

Les partisans de Martine Aubry- ou plus exactement les adversaires de Ségolène Royal -peuvent penser qu'ils ont gagné la partie. En verrouillant le PS, ils peuvent espérer endiguer l'influence de l'ancienne candidate socialiste à la Présidence et bloquer le moment venu son investiture par le parti pour la prochaine présidentielle. De son côté, Ségolène Royal peut espérer que ce repli du PS sur sa vieille base décevra les nouveaux militants et qu'elle pourra incarner le moment venu le renouveau du Parti.

En tout état de cause, le PS sort affaibli de cette confrontation. Toujours menacé d'implosion, divisé en baronnies, menacé par l'extrême gauche, il court le risque de voir les tendances centrifuges l'emporter sur les orientations centripètes.

LE DANGER DES MOUVEMENTS POLITIQUES INCONTROLES

10 décembre 2008

La vie politique n'est jamais un long fleuve tranquille. Souvent l'imprévu arrive… et il est difficile à prévoir. Tout au plus est-il possible d'analyser les situations à risques. Le cas de la France actuelle mérite à cet égard l'analyse.

La crise économique est à l'évidence, à elle seule, un facteur de risque. L'augmentation du chômage, sa concentration dans certaines zones géographiques créent de lourds sentiments de frustration. L'inquiétude se répand chez ceux qui possèdent un emploi et craignent de le perdre. Les jeunes ont des difficultés à trouver un emploi. Ceux d'entre eux en formation sont inquiets pour leur avenir.

Il y a donc un terreau favorable à la contestation. Celle-ci est, de moins en moins, encadrée par les syndicats et par les partis.

Les récentes élections prud'homales illustrent le *déclin des syndicats*. **Les trois quarts des salariés du privé n'ont pas voté.** Le taux de participation s'est établi à 25,5% dans le collège «salariés», soit une abstention de 74,5% La participation, qui avait déjà chuté de 63,2% en 1979 à 32,7% en 2002, a atteint ainsi son plus bas niveau en trente ans. En d'autres termes, les syndicats n'arrivent plus à encadrer les salariés et seuls les mouvements extrémistes et protestataires progressent ;

Il en va de même dans les partis politiques. Le parti communiste et le parti socialiste sont en crise et seule l'extrême gauche d'Olivier Besancenot progresse.

Dans une telle situation, les extrémistes et les « autonomes »ont un champ libre. Voilà pourquoi, il y a dans notre société un danger réel de mouvements politiques incontrôlés

AGITATION DANS L'EDUCATION

12 décembre 2008

L'agitation dans l'éducation est récurrente. Tous les gouvernements de droite et de gauche ont eu à l'affronter. Les mouvements divers contre la politique que conduit le ministre de l'éducation, Xavier Darcos, au nom du gouvernement doivent donc être replacés dans ce contexte général.

LES CAUSES PERMANENTES

Notre société est instable. Les mouvements importants de population, l'urbanisation, l'immigration, l'évolution des mœurs ont déraciné les valeurs anciennes sans en créer de nouvelles communément acceptées. Il existe donc une incertitude sur les valeurs que l'école doit transmettre.

La diversité des élèves rend la tâche des enseignants plus difficile à exercer. La plupart des familles ne sont plus en mesure d'exercer l'accompagnement du travail éducatif qu'elles effectuaient autrefois. Les enseignants doivent exercer à la fois le rôle de maîtres et de parents. Ils représentent la seule autorité à laquelle les jeunes sont soumis dans une société permissive. C'est donc contre eux que s'exercent les rébellions. Ce qui explique les agressions physiques multipliées contre le personnel de l'éducation nationale.

Notre société devenue plus matérialiste ne respecte plus la fonction enseignante comme elle le faisait à l'âge de l'idéal laïque. Les maîtres sont devenus des débiteurs de savoirs auxquels on demande de délivrer un produit fini sans se préoccuper de la difficulté de leur fonction. Le slogan est connu : l'école ne remplit pas son rôle, elle ne diffuse pas les savoirs élémentaires, elle est inadaptée face au monde professionnel. On en viendrait même à lui faire supporter la responsabilité du chômage en lui imputant à débit le décalage entre les formations et les emplois.

Face à l'ensemble de ces remises en cause, le monde enseignant garde dans l'ensemble le sens de la valeur de sa responsabilité éducative. Mais, traumatisé par la lourdeur de sa responsabilité, il développe aussi des attitudes négatives.

La première est de croire que le quantitatif peut remplacer le qualitatif. Les syndicats d'enseignants sont tentés d'imaginer que les moyens doivent l'emporter sur les missions. La crise de l'éducation serait liée au défaut de moyens financiers. Les « il n'y a qu'à..augmenter le budget de l'éducation nationale pour résoudre le problème de l'école » deviennent l'échappatoire à la solution des problèmes de fond. Or former des salles de trente , de vingt ou de dix élèves ne remplacera pas la volonté d'apprendre et celle d'enseigner. Dans ma génération de la guerre, nous étions 45 à 50 élèves par classes et nous étions heureux d'apprendre et nos maîtres étaient fiers d'enseigner. Retrouver l'idéal missionnaire de l'enseignant me parait plus important que de ferrailler sur des pourcentages de crédits.

Le second tropisme négatif devant le changement consiste pour les enseignants à s'isoler, à se transformer en corporation détachée du reste de la société. Dés lors, tout changement leur parait suspect. Toute modification d'une virgule dans les programmes engendre la révolte.
D'opinions souvent « avancées », beaucoup d'enseignants sont prêts à faire la révolution dans le monde qui les entoure mais sont rebelles à tout changement dans l'univers éducatif. Souvent de bonne foi, ils ne se rendent pas compte que c'est au contraire l'adaptation permanente de l'éducation à la société qui redonnera son lustre à la fonction enseignante.

LES CAUSES CONJONCTURELLES

Toute crise économique provoque des inquiétudes dans la jeunesse. La contraction des emplois est supportée principalement par les jeunes. Les syndicats privilégient la protection des emplois existants et leurs adhérents plutôt que la création des emplois pour les jeunes au sortir de leur formation. La précarité s'installe chez les jeunes. Ceux qui sont en formation sont inquiets devant la fermeture du marché de l'emploi à ceux qui les ont précédés. Il faut respecter cette inquiétude et tenter d'y répondre à la fois par une meilleure adaptation des formations et par une politique résolue d'aide à l'emploi des jeunes.

L'agitation éducative repose aussi sur l'exploitation politique. La plupart des forces syndicales de l'éducation sont marquées politiquement à gauche et sont donc tentées de ferrailler contre un gouvernement de droite. Pour tenter de faire oublier la crise profonde de la gauche et les luttes de tendance du parti socialiste, il existe une tentative pour provoquer l'autorité et l'amener à se durcir pour exacerber la colère des jeunes.

Pourtant le combat sur l'école doit se construire dans l'unité nationale.

Quelle mission plus exaltante pour les maîtres que de revenir les phares de la société ?

Quelle fonction plus importante pour un gouvernement que de moderniser l'école pour la rendre performante, compétitive et missionnaire ?

Il faut cesser de pleurnicher sur l'éducation. Il convient de remplacer l'imprécation par la redécouverte de la vocation.

EUROPE : LA FIN DE LA GRANDE PRESIDENCE FRANCAISE

16 décembre 2008

Alors que dans quinze jours la France doit céder aux Tchèques la Présidence de l'Union européenne, Nicolas Sarkozy a fait le bilan de son action sans fausse modestie. Et, il est vrai, que l'action de la Présidence française a été jugée de façon positive.

UN STYLE VOLONTARISTE

Nicolas Sarkozy a constamment cherché à sortir l'UE du formalisme technocratique dans lequel elle a trop souvent tendance à s'enfermer. « On est en train de changer les habitudes, on parle un peu moins, on agit davantage », a soutenu le chef de l'État en ajoutant« Ce n'est pas la peine de négocier jusqu'à quatre heures du matin pour trois cacahuètes…Il faut moins de formalisme, moins de snobisme sur les procédures, les badges, les accrédités, l'ennui mortel des réunions… » Pour Nicolas Sarkozy, les résultats engrangés montrent que « personne ne peut contester la nécessité que le président (du Conseil européen) exerce un véritable leadership ».« La difficulté est d'être à la fois à l'écoute, de présider de façon souple, mais de ne pas laisser dériver les choses », a-t-il souligné. Le but n'est pas « de faire plaisir à tout le monde, mais d'être juste et équitable. »

UN NOUVEL EQUILIBRE DES POUVOIRS

La présidence Sarkozy marque la volonté de réaffirmer la prééminence du politique dans le gouvernement de l'Europe. Il s'agit de remettre la commission et l'administration européenne sous le contrôle de la présidence. « personne ne peut contester la nécessité que le président (du Conseil européen) exerce un véritable leadership » a affirmé le chef de l'Etat français. en ajoutant « la Commission européenne a besoin d'un leadership et d'un Conseil forts ». Si la Commission « doit faire tout à la fois, être gardienne de l'esprit des traités et prendre l'initiative politique, alors elle est fragilisée ». "Le bon équilibre de nos institutions, c'est un président du Conseil européen qui entraîne, un président de la Commission gardien de l'esprit des traités qui doit, en parfait partenariat avec le président du Conseil, faire son travail aux confins de la technique et de la politique."

LA SOLUTION A LA CRISE INSTITUTIONNELLE

Après le non français au Traité européen , il fallait relancer la machine européenne. C'est ce qu'a fait Nicolas Sarkozy avec succès en faisant adopter le traité simplifié. Le non de l'Irlande à cette nouvelle mouture paraissait à nouveau bloquer le processus institutionnel. A prés des négociations acharnées tout au long de son mandat, Nicolas Sarkozy a en effet obtenu que Dublin organise un nouveau référendum courant 2009

UNE BONNE GESTION DES CRISES

« L'Europe doit exister, l'Europe doit être volontariste, l'Europe doit avoir des ambitions, l'Europe doit arrêter d'être naïve, l'Europe doit porter un projet politique, l'Europe doit bousculer l'Europe », a affirmé en chaque occasion grave le Président français. C'est avec cette audace volontariste qu'il a géré les grands dossiers.il a su régler avec autorité la crise georgienne et a géré avec efficacité la crise économique et financière. Dans le dossier difficile de la lutte contre le réchauffement climatique , il a su tracer les voies du compromis. Dans la plupart de ces dossiers, il est vrai l'Allemagne a quelque peu trainé les pieds donnant l'impression de chercher à freiner la tentative sarkozyenne de mieux intégrer l'Europe.

Il reste maintenant à voir si la présidence tchèque saura poursuivre dans les mêmes rails ou si elle sera tentée de retourner dans l'immobilisme.

LA CRISE ECONOMIQUE ET LES OPPOSITIONS

19 décembre 2008

La crise économique et financière a poussé, dans un premier temps, à l'unité nationale. Les partis d'opposition ont en général accepté de soutenir les programmes de redressement bancaire.

Mais la prolongation de la crise, l'installation dans la récession créent de profondes insatisfactions que les oppositions tentent de récupérer.

Les jeunes sont la catégorie sociale la plus utilisée pour déstabiliser les gouvernements en place. Les jeunes demandeurs d'emplois sont les plus concernés par la dégradation du marché du travail. Leurs cadets installés dans les écoles ou les universités s'inquiètent pour leur avenir. Il y a donc là un réservoir de troupes prêtes à la contestation.

En Grèce, l'opposition de gauche soutient le mouvement radical des étudiants.

En France, Martine Aubry, la nouvelle première secrétaire du PS, soutient le mouvement des jeunes contre les réformes du ministre Darcos. Ce qui lui a attiré une verte réplique du premier ministre François Fillon. Ce dernier a accusé directement Martine Aubry de vouloir « créer des tensions » dans le pays en appelant ses militants à se joindre aux manifestations des lycéens, qui contestaient la réforme du lycée finalement reportée par le gouvernement. « Ce qui aujourd'hui cloche c'est qu'il y a une tension très forte liée à la crise, qui est liée aussi peut-être à l'attitude de l'opposition », a-t-il affirmé..« Quand Mme Aubry dit que le PS doit manifester avec les lycéens, c'est clairement un choix qui en dit long. Je ne crois pas que le rôle d'un grand parti politique de gouvernement soit d'être dans la rue. Son rôle c'est de faire des propositions, d'être au Parlement, de s'opposer aux textes de la majorité s'il estime devoir s'y opposer. Ce n'est pas de créer des tensions dans le pays au moment où le pays a besoin de se rassembler », a lâché François Fillon, qui a répété que la réforme des lycées n'étaient que reportée et non pas « enterrée. L'enterrer cela voudrait dire que nous renonçons à améliorer les performances des lycées ».

Quoi qu'il en soit, la prolongation de la crise renforce l'opposition et permet de faire oublier sa division et son incapacité à forger un programme.

LES NOUVEAUX EQUILIBRES DU SYSTEME POLITIQUE FRANCAIS

31 décembre 2008

A force de parler du passage à une Sixième République, on s'achemine de révision en révision vers un système politique très différent de celui institué en 1958 par le général de Gaulle.

LA MONTEE EN PUISSANCE DU POUVOIR PRESIDENTIEL

La révision constitutionnelle de 1962 qui a institué l'élection du Président de la République au suffrage universel a bouleversé l'équilibre des pouvoirs. Elle a favorisé l'émergence d'un pouvoir présidentiel fort. Elle a imposé aux partis des regroupements. Elle a fait prévaloir le choix des citoyens sur celui des partis en consacrant la prépondérance du chef de l'État au sein des institutions. Le président de la République devient la véritable clé de voûte du système politique. La légitimité du chef de l'État est désormais supérieure à celle des députés. Le chef de l'État élu par l'ensemble des citoyens représente le pays dans son unité.

Il restait une faiblesse dans le système : le risque de la cohabitation .La France a connu de 1986 à 2002 plusieurs situations de conflit entre majorité présidentielle et majorité parlementaire La loi constitutionnelle du 2 octobre 2000 adoptée par referendum a ramené la durée du mandat présidentiel de sept à cinq ans. Cette réforme aligne la durée du mandat présidentiel sur la durée de la législature et réduit le risque de situations de cohabitation.

La loi constitutionnelle du 23 juillet 2008 limite à deux le nombre de mandats que peut exercer consécutivement un Président. Ces dix ans maximum de présidence peuvent être comparés aux quatorze ans de mandat du Président Mitterrand, aux douze ans de Jacques Chirac. Quant au Général de Gaulle il était, lors de sa démission en 1969, dans la onzième année de sa présidence.

LA TENTATIVE DE REEQUILIBRAGE INSTITUTIONNEL DE 2008

Une réforme constitutionnelle importante a été adoptée en juillet 2008. De nombreuses dispositions renforcent les pouvoirs du Parlement. Celui-ci maîtrise pour moitié l'ordre du jour de ses travaux .Le texte discuté en séance publique sera désormais celui de la commission et non celui du gouvernement. L'article 49-3 qui permet d'engager la responsabilité du gouvernement est aussi limité.

Le Président voit lui son pouvoir limité dans plusieurs domaines comme les nominations, l'intervention des forces armées, l'abandon du droit de grâce collectif.

L'assouplissement de l'incompatibilité entre les fonctions ministérielles et le mandat parlementaire aura des conséquences importantes. Cette incompatibilité cherchait à marquer une séparation stricte entre les ministres et les parlementaires Elle avait abouti, dans les premières années de son application, à la présence de nombreux ministres technocrates. Mais, les vieilles habitudes avaient repris le dessus. Un parlementaire accédant à la fonction ministérielle laissait la place à son suppléant et celui-ci démissionnait pour laisser la place à son mentor si celui-ci n'était pas reconduit dans ses fonctions gouvernementales. La procédure était lourde et aléatoire et exigeait l'organisation d'une élection partielle. Désormais, le titulaire du siège le retrouvera automatiquement en cas de départ du gouvernement. Cette réforme facilitera les remaniements gouvernementaux. Mais elle donne aussi au ministre parlementaire une indépendance plus grande puisqu'il peut s'appuyer sur une base électorale qui est simplement en suspension.

OU VA LE SYSTEME POLITIQUE ?

L'institution du quinquennat n'a pas fini de révéler l'ensemble de ses effets. Elle a eu pour conséquence de faire du Président le chef de la majorité parlementaire. La fonction du Premier ministre est ainsi transformée. il devient plus un gestionnaire administratif de l'appareil de l'Etat qu'un responsable politique. Cette tendance est accentuée par l'interventionnisme généralisé du président Sarkozy.

Mais, en sens inverse, le renforcement des pouvoirs de l'Assemblée donne aux parlementaires de la majorité une plus grande indépendance par rapport au Président. *Le chef de l'Etat doit désormais cohabiter avec son propre groupe parlementaire.*

A l'évidence, le système politique est en mutation .De nouveaux équilibres sont en voie de s'établir entre le législatif et l'exécutif.

SARKOZY L'ESPOIR POUR 2009 PAR LA REFORME

1er janvier 2009

Avec calme et autorité Nicolas Sarkozy a adressé ses vœux aux Français. Il a balisé le chemin accompli et tracé la feuille de route pour l'avenir. La tâche n'était pas facile en ce temps de crise. Mais, le Président de la République a fixé un horizon volontariste assez convaincant.

UN BILAN POSITIF

Le Président a insisté sur le rôle positif que la présidence française a joué pour coordonner les pays européens. « Les initiatives que j'ai prises au nom de la présidence française de l'Union européenne pour coordonner l'action de tous les Européens et pour réunir les chefs d'État des vingt plus grandes puissances mondiales à Washington, ont permis d'éviter que le monde s'engage sur la pente du chacun pour soi qui aurait été fatale... Le pire aurait été que, dans cette situation, chaque pays décide sans se préoccuper des autres. J'ai promis que les mêmes causes ne produiraient plus les mêmes effets. La France a exigé des changements pour moraliser le capitalisme, promouvoir l'entrepreneur sur le spéculateur, sanctionner les excès inacceptables qui vous ont scandalisés à juste titre, pour redonner à la dimension humaine toute sa place dans l'économie.» La présidence française a marqué de son empreinte tous les grands événements de l'année écoulée. « Depuis toujours j'ai la conviction que l'Europe ne doit pas subir mais agir et protéger Avec la réponse commune à la crise financière, la résolution de la crise géorgienne, la création de l'Union pour la Méditerranée, l'accord sur le climat et l'énergie, la preuve est faite désormais que c'est possible. Ce n'était qu'un premier pas. Il faut continuer car je reste persuadé que le monde a besoin d'une Europe forte, indépendante, imaginative. »

LES OBJECTIFS POUR 2009
- NE PAS LAISSER SE DELITER LE TISSU ECONOMIQUE. Il faut, à tout prix, maintenir le tissu industriel de la France. "Après avoir préservé les économies de chacun grâce au plan de sauvetage des banques, ce sont les emplois de tous qu'il faut désormais sauver. Le plan de relance massif de l'investissement de 26 milliards d'euros qui a été décidé y contribuera C'est ainsi que le plan en faveur de la construction automobile interdit toute nouvelle délocalisation. D'autres initiatives seront prises avec le fonds souverain qui a été créé pour préserver notre tissu industriel. « S'il faut faire davantage, nous le ferons mais en gardant notre sang froid », a ajouté. le Chef de l'Etat.

- L'EXIGENCE DE SOLIDARITE. En ces temps de difficultés, il faut protéger les plus faibles. C'est pourquoi l'effort de solidarité doit être accru. « Je ne laisserai pas les plus fragiles se débattre seuls dans les pires difficultés. Dans l'épreuve, la solidarité doit jouer sans que le travail soit découragé. C'est pourquoi j'ai voulu que soit créé le RSA, qui s'appliquera pour la 1re fois en 2009. Désormais, chaque Français qui reprendra un travail sera encouragé, valorisé, récompensé. »

-MAINTENIR LE CAP SUR LES REFORMES. Nicolas Sarkozy a appelé a poursuivre les réformes « qu'il n'est pas question d'arrêter car elles sont vitales pour notre avenir » .La crise est une occasion pour que « notre pays sorte plus fort de cette épreuve ». "La crise nous oblige à changer plus vite et plus profondément

Et le Président a marqué les grands secteurs de cette réforme. « Durant l'année 2009, nous réformerons **l'hôpital** dont les personnels sont admirables de dévouement et de compétences, **la formation professionnelle** indispensable pour que chacun ait la chance d'un emploi, notre organisation territoriale que tant de conservatismes ont rendu inextricables, **la recherche** qui conditionne notre compétitivité.

Je pense aussi à **la réforme du lycée** qui est nécessaire pour éviter l'échec de tant de nos enfants dans l'enseignement supérieur et l'injustice qui fait que tant de fils et de filles, de familles modestes n'ont pas les mêmes chances que les autres. J'ai demandé que soit pris le temps de la concertation, parce que prendre le temps de réfléchir ensemble, ce n'est pas perdre du temps pour la réforme. C'est en gagner.

Je pense enfin à la réforme de notre **procédure pénale** si importante pour mieux protéger nos libertés individuelles, dont la nécessité s'est faite jour plusieurs fois de façon criante durant l'année écoulée.»

Le volontarisme présidentiel dans cette période de crise est remarquable. Il est vrai, cependant, que la situation économique internationale est si mouvante qu'il faudra se tenir prêt à changer de cap si les vents contraires s'amplifient. Conscient de cet aléa, le Président a laissé la porte ouverte à tout ajustement qui s'avérerait nécessaire.

CONCLUSION

Si 2008 avait été l'année de l'apprentissage, 2009 a marqué la définition des grands équilibres du nouveau pouvoir, de la Sarkozie gouvernante.

Le style de l'action présidentielle a été remis au diapason des souhaits des électeurs : moins familier, moins impulsif mais aussi plus rigoureux, plus volontaire. Le bulldozer Sarkozy n'a rien perdu de son aptitude à bousculer les montagnes mais il poursuit désormais une route plus droite et évite tout à coup.

L'équipe de l'Elysée maîtrise, à présent, parfaitement la conduite de l'appareil de l'Etat. La façon exemplaire dont a été menée la présidence française de l'Union européenne en est une excellente illustration. La méthode Sarkozy, qui était hier raillée, s'est révélée efficace, cohérente et productrice de résultats.

L'initiative périlleuse visant à moderniser les institutions a été conduite avec succès. La révision constitutionnelle accroît considérablement les pouvoirs du parlement et contrebalance heureusement la tentation présidentialiste. Le pouvoir exécutif n'est plus le maître absolu du jeu. Il doit désormais composer avec les parlementaires, y compris ceux appartenant à sa propre majorité.

Tous ces succès de Nicolas Sarkozy ont précipité le déclin de l'opposition. De nombreux membres du Parti socialiste ont été tentés par le ralliement et il est significatif que la voix de Jack Lang se soit mêlée aux votes de l'UMP pour permettre le vote de la réforme constitutionnelle. Miné par une guerre de succession, le PS est affaibli et il peine à retrouver les lignes d'un nouveau programme. La décrépitude du PC ajoute à la confusion à gauche. Ce champ de ruines laisse une large place à Olivier Besancenot et aux autonomes.

La crise économique et financière peut, cependant, à terme, permettre à l'opposition de retrouver quelque vigueur unitaire. Nicolas Sarkozy avait souhaité être le président du pouvoir d'achat. Il se retrouve le capitaine d'un navire dans une mer démontée. Il doit alors chercher à redonner à l'Etat un rôle moteur dans l'économie pour surmonter la crise. Tout est désormais suspendu à l'évolution des flux économiques internationaux.

La Sarkozye gouvernante doit, à présent, permettre à la France de moderniser ses structures pour s'adapter à la nouvelle donne internationale.

FIN

TABLE

INTRODUCTION 5
INSTITUTIONS : LE RAVALEMENT BALLADUR 7
UN DIVORCE FRANÇAIS 10
LE FINANCEMENT DES SYNDICATS 12
QUELLE ACTION HUMANITAIRE ? 14
LA NECESSAIRE REFORME DES UNIVERSITES 16
STANDING SARKOVATION 18
LE TEMPS DES MOUVEMENTS SOCIAUX 21
LA MISE EN EXAMEN DE JACQUES CHIRAC 23
UNE GREVE REJETEE PAR L'OPINION PUBLIQUE 25
FRANCE-ALGERIE, QUELLE REPENTANCE ? 27
EUROPE-AFRIQUE, LE SOMMET DE LISBONNE :
JE T'AIME MOI NON PLUS 29
EUROPE, LE TRAITE DE LISBONNE : UNE NOUVELLE
EUROPE 31
MISS FRANCE ET M. SARKOZY 33
LA CULTURE FRANCAISE EST-ELLE MORIBONDE ? 35
FUMER EST DANGEREUX, VIVRE EST UN RISQUE 38
LA CIVILISATION SARKOZY 40
SARKOZY, UNE IMAGE SUREXPOSEE 42
LES MUTATIONS DE LA POPULATION FRANCAISE 44
SARKOZY ET LA RELIGION 46
LES MUNICIPALES : DES ELECTIONS LOCALES
NATIONALISEES 49
LE MARIAGE DE NICOLAS SARKOZY 51
LA CRISE DE LA SOCIETE GENERALE 54
SARKOZY, L'ETAT D'APESANTEUR 56
LE SUCCES EUROPEEN DE NICOLAS SARKOZY 58
LA MEMOIRE DES ENFANTS JUIFS EXTERMINES PAR LE
NAZISME 60

LES RETENTIONS DE SURETE : SARKOZY VIOLE-T-IL LA CONSTITUTION?...62
NICOLAS SARKOZY NOUVEAU PREMIER MINISTRE ?..........65
LA MAUVAISE REFORME DU QUINQUENNAT........................67
FANTAISIE SUR UNE POULE OFFERTE AU PREMIER MINISTRE..69
DES MUNICIPALES DANS LA CONFUSION POLITIQUE.........70
LE NOUVEL ELAN DE SARKOZY..71
MUNICIPALES : LA GAUCHE PAR DEFAUT..............................73
LES MUNICIPALES ENTRE LOCAL ET NATIONAL..................75
MODEM MOD'EMPLOI...77
MORT DOUCE LEGISLATIVE OU RESPONSABILITE MEDICALE...79
MUNICIPALES ET CANTONALES, SECOND TOUR, LA GAUCHE CONFIRME..81
LE CALEÇON MIRACLE..84
FANTAISIE SUR UNE MOUCHE IMMERGEE.............................85
L'ETAT DE GRACE, CET ENNEMI...87
SARKOZY, QUEL CHANGEMENT DE STYLE ?.........................89
LES DEUX ARMEES MEXICAINES DE LA MAJORITE ET DE L'OPPOSITION..91
LE RETOUR DU VOLONTARISME PRESIDENTIEL..................93
LE PET DU KANGOUROU SAUVERA-T-IL LE MONDE ?.........95
LES JEUNES DANS LA RUE...97
CONTRE LE BRUIT ANTI-JEUNES..100
LES SUPPRESSIONS DE POSTERIEURS DANS L'ECOLE.......102
DIMINUER LE POIDS DE L'ETAT...103
NICOLAS SARKOZY : MODESTE, DETERMINE, CONVAINCANT...106
LE ROYAUME DES FRITES...108
LA REVISION DE LA CONSTITUTION.....................................110
QUAND L'ECONOMIE COMMANDE LA POLITIQUE.............116
L'AN I DE SARKOZY..118
ROULEAUX DE PRINTEMPS..123

CONTRIBUABLES PRIVES DE NICHE 124
LE PARTI SOCIALISTE, PETAUDIERE OU ARMEE MEXICAINE ? 125
LE PS ET SON PROGRAMME : LE TEMPS DE L'HESITATION 127
LES VERTIGES DE L'ARGENT DU SPORT 129
LA REFORME CONSTITUTIONNELLE : PENSER AUX CITOYENS 131
DU BON USAGE DE LA NUDITE 133
QUAND LE NOUVEL OBSERVATEUR DERAPE. A PROPOS DES FAUX PROPOS PRETES A NICOLAS SARKOZY 135
LE PS EN VOIE DE MUTATION VERS LE LIBERALISME 138
LA VIRGINITE DE LA FEMME CONDITION DE VALIDITE DU MARIAGE ? 140
UN MONDE AFFAME 142
LA VICTOIRE DE BARACK OBAMA 144
L'UMP A LA RECHERCHE DE SON IDENTITE 146
LES LECONS DU NON IRLANDAIS AU TRAITE DE LISBONNE 148
RAYMOND DOMENECH ET LES ASTRES 150
QUEL AUDIOVISUEL PUBLIC ? 152
LA LIBERATION D'INGRID BETANCOURT 155
A QUI TRANSMETTRE LE MISTIGRI DE LA HAUSSE DES CARBURANTS ? 156
SEGOLENE CAMBRIOLEE : C'EST LA FAUTE À SARKOZY.158
LE DERNIER JOURNAL TELEVISE DE PATRICK POIVRE D'ARVOR 160
LE SOMMET DE L'UNION POUR LA MEDITERRANEE 162
UN 14 JUILLET FLAMBOYANT 164
UNE REVISION CONSTITUTIONNELLE DIABOLISEE PAR LE PARTI SOCIALISTE 166
LA PAILLE ET LA POUTRE 168
LE TROU DE LA SECURITE SOCIALE ET LE CLIVAGE DROITE GAUCHE 170

LA MORT D'ALEXANDRE SOLJENITSYNE : L'HOMME QUI A TUE LE SYSTEME COMMUNISTE 172
SARKOZY, LA NOUVELLE ERE 174
LA CHINE, LES JEUX OLYMPIQUES ET LES DROITS DE L'HOMME 177
LA GUERRE EN GEORGIE ET LES RAPPORTS EST-OUEST .. 180
MOURIR POUR KABOUL 182
SARKOZY : UNE POLITIQUE ETRANGERE DYNAMIQUE ET AUDACIEUSE 184
DARCOS : UNE RENTREE SCOLAIRE VOLONTARISTE 190
LA SOLIDARITE ACTIVE 193
LE DUEL MC CAIN-OBAMA 196
LE SERVICE PUBLIC ET LA POSTE 198
QUELLE COMPAGNIE SUR UNE ILE DESERTE ? 202
LE PARTI SOCIALISTE DEBOUSSOLE 203
L'OURAGAN EDVIGE 205
FISCALITE A TOUT VA 208
ELECTION AMERICAINE A BON PORC 210
LE LIBERALISME ET LA SOUVERAINETE DE L'ETAT 211
LA CRISE MONDIALE, L'AUTORITE ET LA CONFIANCE 213
ARCHEOLOGIE JUDICIAIRE : L'AFFAIRE DES ECOUTES DE L'ELYSEE 215
REFORMER LA CARTE ADMINISTRATIVE 217
LE PARTI SOCIALISTE ENTRE IMPLOSION ET COURANTS D'AIR 219
LE DANGER DES MOUVEMENTS POLITIQUES INCONTROLES 222
AGITATION DANS L'EDUCATION 224
EUROPE : LA FIN DE LA GRANDE PRESIDENCE FRANCAISE 227
LA CRISE ECONOMIQUE ET LES OPPOSITIONS 230
LES NOUVEAUX EQUILIBRES DU SYSTEME POLITIQUE FRANCAIS 232
SARKOZY L'ESPOIR POUR 2009 PAR LA REFORME 235
CONCLUSION 238

L'HARMATTAN, ITALIA
Via Degli Artisti 15 ; 10124 Torino

L'HARMATTAN HONGRIE
Könyvesbolt ; Kossuth L. u. 14-16
1053 Budapest

L'HARMATTAN BURKINA FASO
Rue 15.167 Route du Pô Patte d'oie
12 BP 226 Ouagadougou 12
(00226) 76 59 79 86

ESPACE L'HARMATTAN KINSHASA
Faculté des Sciences Sociales,
Politiques et Administratives
BP243, KIN XI ; Université de Kinshasa

L'HARMATTAN GUINÉE
Almamya Rue KA 028 en face du restaurant le cèdre
OKB agency BP 3470 Conakry
(00224) 60 20 85 08
harmattanguinee@yahoo.fr

L'HARMATTAN CÔTE D'IVOIRE
M. Etien N'dah Ahmon
Résidence Karl / cité des arts
Abidjan-Cocody 03 BP 1588 Abidjan 03
(00225) 05 77 87 31

L'HARMATTAN MAURITANIE
Espace El Kettab du livre francophone
N° 472 avenue Palais des Congrès
BP 316 Nouakchott
(00222) 63 25 980

L'HARMATTAN CAMEROUN
Immeuble Olympia face à la Camair
BP 11486 Yaoundé
(237) 458.67.00/976.61.66
harmattancam@yahoo.fr

L'HARMATTAN SÉNÉGAL
« Villa Rose », rue de Diourbel X G, Point E
BP 45034 Dakar FANN
(00221) 33 825 98 58 / 77 242 25 08
senharmattan@gmail.com

19087 - février 2011
Achevé d'imprimer par